¡BASTA YA DE...
TENER MIEDO!

Marie-France
Emmanuel Ballet de Coquereaumont

¡BASTA YA DE... TENER MIEDO!

21 días para reconectar con su niño interior

MEDICI

La edición original de esta obra ha sido publicada
en francés, por Groupe Eyrolles, con el título

J'arrête d'avoir Peur!

Colección dirigida por Anne Ghesquière
Ilustraciones de Faustine
Diseño de maqueta de Hung Ho Thanh

Traducción: Montserrat Asensio Fernández

Plató, 26 – 08006 Barcelona
www.ediciones-omega.es

Este libro ha sido editado
y maquetado en España.

ISBN: 978-84-9799-145-2
Depósito legal: B 3.806-2015

Printed in Spain

Impreso por Tallers Gràfics Soler S.A.

Índice

Agradecimientos

Queremos expresar un agradecimiento muy especial a Jacques Salomé, por su humanidad, su sencillez, su bondad y el aliento que nos ha dado.

Mil gracias a Corinne Cygler. Corinne, tu amistad y tu fidelidad inquebrantables son preciosas. Gracias por tus consejos y por la lectura tan inteligente que hiciste de nuestro manuscrito.

Pensamientos llenos de ternura para Marie-Noelle Perrier y su amistad. Muchísimas gracias por tus comentarios reveladores acerca de nuestra obra.

También queremos manifestar nuestro agradecimiento a Anne Ghesquière, la directora de la colección, y a Gwénaëlle Painvin, nuestra editora, por la confianza, el compromiso y el entusiasmo que han demostrado. Y muchas gracias también a todo el equipo de Eyrolles, por su trabajo.

Un agradecimiento caluroso a todos nuestros pacientes y a los asistentes a nuestros seminarios, por sus testimonios y por su increíble valor. Al revelarse, nos han ayudado a aumentar nuestro conocimiento y a mejorar nuestra comprensión del alma humana. Hemos crecido gracias a ellos.

Y gracias a la vida que nos proporciona, cual buena madre, tantos regalos, cuidados y amor.

INTRODUCCIÓN

«Tenemos miedo cuando nuestro niño interior se asusta».

Tahar Ben Jelloun

«El niño es un símbolo unificador que concilia los opuestos. Es el mensajero de la curación, el que conforma un todo».

Carl Gustav Jung

¿Por qué otro libro sobre el miedo?

Podemos clasificar las múltiples investigaciones y publicaciones existentes sobre el miedo en dos orientaciones fundamentales. La primera, la analítica, se propone aclarar y entender el origen de los miedos mediante la exploración del inconsciente; la segunda, la cognitiva-conductual, afirma que entender los mecanismos de los temores y enfrentarse a ellos con regularidad nos ayuda a dominarlos.

Una de cada dos personas sufre miedos excesivos. El miedo es una emoción básica y actúa como un sistema de alarma con sede en el cerebro límbico, o emocional. El miedo cuenta con todo un circuito cerebral.[1] Los sentidos alertan en primer lugar a la amígdala, sede de la memoria inconsciente de los miedos. A continuación, el hipocampo evalúa el peligro y lo compara con experiencias anteriores. Finalmente, la corteza prefrontal regula las reacciones automáticas de miedo y decide cómo actuar a partir de la información sensorial, emocional, personal y cultural. En la actualidad, el miedo excesivo se atribuye a la hiperactividad de la amígdala.

La emoción del miedo es una combinación compleja entre mecanismos biológicos y recuerdos. El miedo se inserta en una historia, en una situación o en un escenario. La emoción es biográfica (según la teoría del psicólogo estadounidense Silvan Tomkins, el afecto es biológico, el sentimiento es psicológico y la emoción es biográfica).

Este libro, *Basta de tener miedo*, explora una vía inédita que aborda los miedos bajo una luz distinta y que se basa en ideas innovadoras y poco o mal conocidas por el público general.

La vida es relación

El año 2007, el médico estadounidense Graham Fleming y su equipo de investigación de la Universidad de California en Berkeley demostraron que uno de los procesos más fundamentales de la vida, la fotosíntesis (proceso bioenergético que permite a las plantas y a ciertas bacterias sintetizar materia orgánica gracias a la luz solar), no se rige por un elemento concreto, sino por una relación entre moléculas. Este hallazgo confirma que la vida se articula en todas sus formas como un sistema estimulado por relaciones múltiples.[2]

La película *Avatar*, de James Cameron, obtuvo un éxito fenomenal. En ella describía Pandora, un planeta donde todos los seres, plantas y animales viven en simbiosis, conectados como si se tratara de una red neuronal gigantesca. Los nativos, los na'vis, se ven amenazados por la exploración minera impulsada por humanos avariciosos, pero consiguen salvar su mundo gracias a la ayuda de todas las especies vivas. Al igual que Pandora, el planeta Tierra es un organismo donde las distintas formas de vida están interrelacionadas y donde la vida es un proceso cooperativo.

Pensar la vida como una relación supone experimentar que todo está vinculado. Cuando tengo miedo, la emoción no es exclusivamente mía. Soy sensible a las emociones de los demás, que pueden influir en mi experiencia y en mi conducta. Mis emociones también están relacionadas con mis conductas y con mi entorno.

Sometida al yugo del miedo, la persona deja de contar con sus capacidades plenas y pierde vitalidad, porque el miedo devora la energía. Debilita el vínculo, la relación con uno mismo y con los demás.

El cerebro es empático y social

El ser humano es especialmente sensible a todo lo que le rodea. Esta capacidad está directamente relacionada con las neuronas espejo,[3] que desempeñan una función esencial en las relaciones: permiten que sintamos simpatía, empatía y compasión por el otro. Hasta hace poco, se creía que estaban concentradas en la región prefrontal, pero ahora sabemos que, en realidad, están en todo el cerebro.

Estas neuronas son cruciales durante el desarrollo del niño. Durante los primeros años de vida, el niño utiliza el cerebro empático para forjar un vínculo sólido con sus padres. Un apego sano, es decir, alimentado por los cuidados y el amor, le ofrece la posibilidad de cultivar la seguridad, la confianza y el valor necesarios para aventurarse al mundo. Por el contrario, cuando un niño sufre falta de atención y de ternura, establece una relación dolorosa y poco segura con los padres. Las neuronas espejo le llevan a adoptar los sentimientos negativos que su padre o su madre pueda experimentar.

El apego del niño hacia los padres es su primera experiencia relacional y, durante toda su vida, le servirá de modelo interpersonal. Si crecimos junto a una madre temerosa, seremos más inseguros. En nuestras relaciones, seremos mucho más sensibles a las personas que nos transmitan seguridad o, por el contrario, a las que despierten en nosotros aprensión o temor. La primera matriz relacional influye sobremanera en las relaciones futuras.

Nuestro cerebro está especialmente capacitado para relacionarse con los demás y las relaciones ofrecen la oportunidad de expresar qué es correcto, sano y beneficioso para uno. Nuestros mayores miedos tienen que ver con el otro (qué hay en juego con el otro) y con la dificultad de ser verdaderamente uno mismo ante los demás. ¿Por qué deberíamos privarnos del aprendizaje que ofrecen las relaciones, cuando todo indica que nos desarrollamos en la cultura de la relación y en el modo en que nos conectamos con nosotros mismos, con los demás y con el mundo?

La psique es múltiple

En nuestra vida cotidiana, tenemos una imagen reduccionista de nuestro funcionamiento psicológico. Cuando hablo, mi yo parece implicarse personal y completamente. Cuando tengo miedo, soy yo quien tiene miedo y todo mi ser lo experimenta. Esta percepción responde a la necesidad de creernos enteros y unificados; sin embargo, la psique es múltiple.

El psiquismo se basa en la relación. Se compone de múltiples partes que actúan como si fueran personas independientes con sus propias emociones y motivaciones, y que mantienen conversaciones intensas, que traducen relaciones cómodas o conflictivas. Y esto no es sintomático de un trastorno de la identidad. La psique es un sistema compuesto por subpersonalidades múltiples en interacción constante. Y el miedo pertenece a este sistema.

En el centro de esta multiplicidad psíquica existe una instancia superior, el Yo.* Es el piloto interior. Puede comunicarse con el conjunto y elegir en conciencia un modo de sentir, percibir, decidir y vivir más armonioso. El piloto interior ni conoce el miedo ni lo conocerá jamás. Es un recurso fundamental para aprender a superar los temores.

Nuestro corazón sigue albergando a un niño

Aunque son muchos los que siguen convencidos de que la infancia no es más que una etapa del desarrollo humano que dejamos atrás, se trata de una idea tan parcial como generalizada. Sobrentiende que el ser humano debe crecer para ser maduro e inteligente. En esta visión, el niño es un ser inmaduro e infantil que necesita principios educativos para ser «corregido» y «mejorado». Para el psiquiatra infantil Michel Lemay, «es posible que aún deba pasar bastante tiempo para que veamos al niño como algo distinto a un proyecto de adulto [...] un sujeto inacabado que debe superar una serie de etapas para alcanzar la madurez adulta».[4] Sin embargo, en la infancia ya aparecen muchos aspectos de nuestro verdadero yo.

La doctora y pedagoga italiana Maria Montessori subrayó que la edad adulta y la infancia «son dos formas distintas de vida humana, que se desarrollan simultáneamente y que se influyen recíprocamente».[5] Para entender mejor esta proximidad con la infancia, debemos abandonar la visión lineal del desarrollo humano. Esta percepción ofrece la visión de una vida que se desarrolla en una línea temporal a partir del nacimiento, en el pasado, hacia un punto de destino en el futuro:

Nacimiento ➡ Primera infancia ➡ Adolescencia ➡ Edad adulta

En realidad, el desarrollo del ser humano se parece mucho más a un modelo concéntrico, como un árbol que guarda en su interior sus etapas sucesivas, distinguibles por los anillos del tronco.[6]

En cada etapa de su desarrollo, el niño sano posee de forma natural una inteligencia emocional y moral innata. Aunque, ciertamente, tiene necesidades básicas, cuenta con poderes creativos específicos. Se desarrolla rodeado de apoyo, seguridad, amor y libertad. En este modelo, el niño es el corazón de nuestro ser.

* Los asteriscos en color remiten a los conceptos clave del léxico de la pág. 203.

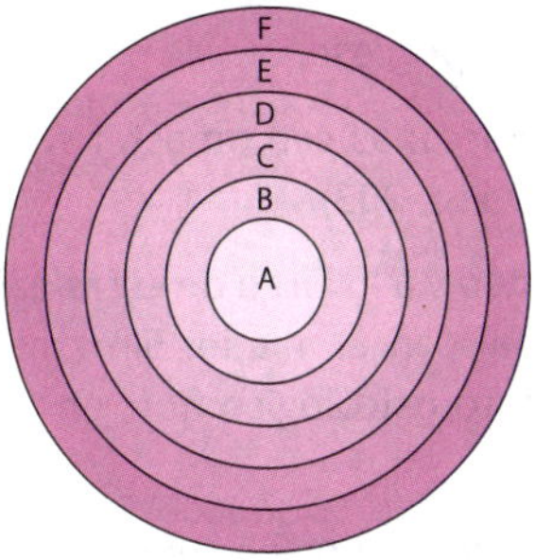

A. Lactante interior (de 0 a 9 meses)
B. Infante interior (de 9 meses a 3 años)
C. Niño preescolar interior (de 3 a 6 años)
D. Niño escolar interior (de 6 a 13 años)
E. Adolescente interior (de 13 a 18 años)
F. Adulto joven interior (de 18 a 26 años)

El niño interior* conserva la memoria de la experiencia de ser humano pequeño, con su genio natural y sus heridas. El drama de este niño interior es que se le obliga a exiliarse para dejar espacio a un niño cada vez más adaptado a las restricciones familiares, sociales y culturales. Sin embargo, el niño interior permanece siempre en el corazón de todos. Espera reencontrarse con el adulto.

Recuperar los vínculos empáticos con este niño es crucial para liberarse del miedo, vivir relaciones más libres y auténticas y descubrir el Yo.*

Un programa de 21 días

Este libro le propone que, a lo largo de veintiún días, asimile ideas innovadoras sobre el miedo y siente los cimientos para una vida más serena. No se trata de una serie de recetas, sino de un proceso, un trayecto y una invitación a una vida más fluida y armoniosa. Las explicaciones, los ejemplos, las metáforas, los ejercicios y las prácticas de este libro dividido en siete partes, le invitan a experimentar una vitalidad nueva:

- En su relación con sus estados psicológicos.
- En su relación con su niño interior.
- En su relación con los demás.
- En su relación con su entorno.

El libro aborda muchos miedos excesivos que, en ocasiones, permanecen ocultos. Los encontrará enumerados en el índice al final del libro (p. 205), y los consejos que se ofrecen son aplicables a la mayoría de ellos. Al final del primer día, encontrará un ritual psicocorporal tan sencillo como potente que le acompañará durante todo el proceso.

Encontrará la definición de las palabras marcadas con un asterisco en el léxico de conceptos clave, al final de la obra (p. 203).

Nos alegramos de poder compartir con usted y a lo largo de estas páginas nuestra experiencia personal y profesional con el miedo. Sin embargo, esto no sustituye en absoluto al tratamiento psicológico que, en ocasiones, resulta indispensable.

Estas son las preguntas básicas que responderemos en relación con los miedos:

- ¿Qué lugar ocupan en mi mundo interior?
- ¿Qué función tienen?
- ¿Qué mensaje me transmiten?
- ¿Qué relación puedo cultivar conmigo mismo y con los demás para dejar de tener miedo?

Fritz Perls, psiquiatra y fundador de la terapia Gestalt, afirma que «el miedo es la excitación sin la respiración». Todo miedo puede transformarse en deseo, en movimiento y en una oportunidad de éxito si respiramos plenamente a través de él. No es un enemigo. *Basta de tener miedo* le abre un camino que le permitirá domesticar a ese extraño aliado que es el miedo.

---

1. Los elementos que presentamos aquí sintetizan los mecanismos del miedo que el psiquiatra Christophe André presenta en su obra, *Psychologie de la peur*, Odile Jacob, 2004 (pp. 83-86).
2. Ludwig von Bertalanffy desarrolló la teoría de sistemas en la década de 1930. Se trata de abordar cada objeto de estudio como un organismo vivo, parecido a un cuerpo. El estudio de los vínculos y de las relaciones entre los distintos elementos del sistema fundamenta las últimas investigaciones en campos como la cosmología, la física cuántica o la psicología.
3. Daniel Goleman fue el primero en hablar de ello en 1997, en su libro *Inteligencia emocional*.
4. Extraído del libro *Le Bébé et ses peurs*, Erès, 2000 (p. 86).
5. Frase de Maria Montessori, citada en el último libro de John Bradshaw, *Découvrir ses vraies valeurs*, Les Éditions de l'Homme, 2004 (p. 146).
6. Esquema inspirado en un croquis de la monografía de John Firman, *Opening to the Inner Child*, 1994 (disponible en www.psychosynthesispaloalto.com) y en las distintas edades del niño interior según la definición de John Bradshaw en su obra *Retrouver l'enfant en soi*, Les Éditions de l'Homme, 2004.

PREPARARSE PARA EL PROCESO

«Hablamos del niño, pero nos referimos al niño en el adulto.
Pues en el adulto hay un niño, un niño eterno,
algo que está en devenir,
que nunca está acabado y que necesita del cuidado,
la atención y la educación constantes.
Esta es la parte de la personalidad humana
que quiere desarrollarse hacia la totalidad».

Carl Gustav Jung

Le proponemos que, antes de empezar a leer el libro, evalúe sus propios miedos y elabore un resumen de la relación que mantiene con su niño interior.

Determine la naturaleza de sus miedos

Testimonios elocuentes

“ KARINE: «Por la mañana me despierto con angustia en el estómago. Me hago un ovillo en la cama y no consigo salir. Me entran ganas de vomitar. Ya estoy acostumbrada. A veces, pienso que me gusta sentirme así».

PATRICK: «En el trabajo se dan situaciones que hacen que desee huir, marcharme muy lejos, chillar... No sé por qué. Si me dejara llevar, me hundiría. Me empiezan a temblar las manos y luego vuelvo a ser el profesional frío y distante con mis colegas. Es la única manera que he encontrado para poder recomponerme».

GÉRALDINE: «Le doy demasiadas vueltas a la cabeza. Imagino situaciones terroríficas y malas noticias, como que pierdo a un ser querido o un objeto valioso, que la persona que tengo delante reaccionará de forma imprevisible...».

FLORENCE: «Siento una impotencia constante. Me repito continuamente que no conseguiré nada. Lo peor es el miedo».

ALAIN: «Con frecuencia, se me hace un nudo en la garganta. A veces siento que se cierra y que baja hasta el estómago. La emoción me bloquea. Estoy triste o enfadado, sin saber por qué..., y nunca se arregla nada». ”

El primer paso para superar el miedo, la angustia o el estrés consiste en determinar la naturaleza de sus reacciones. Antes de explorar las causas del miedo, es primordial que pongamos en palabras la experiencia. El ser humano es un ser lingüístico, y las sensaciones, las emociones, los pensamientos y las palabras estructuran el lenguaje. El miedo también es un afecto central, un mecanismo biológico que se despliega en el cuerpo para luego transformarse en elementos múltiples.

Los elementos del miedo

A continuación, le proponemos que se autoevalúe e identifique los elementos básicos de sus miedos. Aunque la lista de síntomas no es exhaustiva, le permitirá definir los componentes de sus temores. Marque los síntomas de miedo que reconozca en sí mismo y evalúe la intensidad de cada uno: débil, medio o intenso.

Elementos fisiológicos
Débil – Medio – Intenso

Físicamente, siento:

- ❑ Un nudo en la garganta
- ❑ Sudor en las manos
- ❑ Taquicardia (corazón acelerado)
- ❑ Sofocos
- ❑ Ganas de orinar con frecuencia
- ❑ Tensión muscular
- ❑ Otros: ...
- ❑ Boca seca
- ❑ Molestias abdominales
- ❑ Agotamiento
- ❑ Escalofríos
- ❑ Mareos
- ❑ Temblores

Elementos conductuales
Débil – Medio – Intenso

Me comporto así:

- ❑ Huyo de la persona, del objeto o de la situación que me asusta
- ❑ No consigo hablar (o me cuesta mucho)
- ❑ Grito o me sobresalto sin poder evitarlo
- ❑ Agresividad verbal o conductual
- ❑ Retraso lo que debo hacer (procrastinación)
- ❑ Me muevo mucho (manos, brazos, piernas, movimientos corporales...)
- ❑ Acumulo objetos y abarroto mi espacio vital
- ❑ Otros: ...
- ❑ Me siento abatido o derrotado
- ❑ No consigo moverme (o me cuesta mucho)
- ❑ Estoy aterrado
- ❑ Siento pánico
- ❑ Estoy irritable

Elementos sensoriales **Débil - Medio - Intenso**	
Tengo sensación de: ❑ Vértigo ❑ Inestabilidad ❑ Impaciencia ❑ Velocidad ❑ Desvanecimiento ❑ Opresión	❑ Irrealidad ❑ Despersonalización ❑ Tener la cabeza vacía ❑ Pérdida de control ❑ Estar enloqueciendo ❑ Otros: ...

Elementos psicológicos **Débil - Medio - Intenso**	
Pensamientos y emociones recurrentes: ❑ Vergüenza ❑ Timidez ❑ Imagino situaciones inquietantes ❑ Imagino cómo reaccionaré ante una persona o una situación concretas ❑ Centro el miedo en el mismo objeto, situación, cosa... ❑ Busco la autorización o la aprobación de los demás ❑ Tengo manías o hay objetos de los que no puedo separarme ❑ Otros: ...	❑ Dudo de mí mismo ❑ Me siento inútil, incapaz y/o incompetente ❑ Me cuesta tomar decisiones

Los distintos rostros del miedo

El miedo es una familia numerosa y antigua. A continuación, le presentamos a algunos de sus miembros más importantes:

- La angustia es un miedo difuso e intenso sin objeto aparente. Suele presentarse como la aprensión de que «pase algo», como una tensión que asusta y que, con frecuencia, carece de nombre. Es la sensación de que uno está a punto de morir. El elemento predominante es el sensorial (sensación de opresión y de tensión en el cuerpo). La crisis de angustia es una sucesión de varios síntomas en un periodo de tiempo reducido (unos diez minutos).
- La ansiedad es un miedo anticipado: «Es la experiencia asociada a la espera, al presentimiento o al peligro inminente».[1] Subyace a la angustia y puede cronificarse en forma de inquietud duradera y con un elemento psicológico importante.

- La fobia es un miedo desencadenado por un objeto concreto o una situación específica que asociamos directamente al peligro. Los elementos psicológicos y conductuales son muy intensos.
- El estrés es un miedo que, si es permanente, puede llegar a ser incapacitante. Cuenta con elementos psicológicos y sensoriales muy marcados, y es consecuencia de percepciones y evaluaciones distorsionadas ante una situación.
- Los miedos subyacentes* son casi infinitos. Se ocultan tras la angustia, la ansiedad, la fobia y el estrés. Se quedan en la sombra y paralizan gran parte del impuso vital y creativo. A continuación, encontrará los distintos miedos subyacentes que analizaremos a lo largo del libro:
- – Los miedos-cerrojo, como el miedo a perder el control (primera parte).
- – Los miedos de adaptación, como el miedo a hacer el ridículo (segunda parte).
- – Los miedos infantiles, como el miedo a la oscuridad (tercera parte).
- – Los miedos relacionales, como el miedo al rechazo (cuarta parte).
- – Los miedos fundamentales, como el miedo a la separación (quinta parte).

Al contrario de lo que sucede con los miedos adaptativos, asociados a la supervivencia y a la precaución, los miedos subyacentes carecen de base real.

El cerebro no consciente

La investigación más reciente ha demostrado que el cerebro funciona al cien por cien de su capacidad, día y noche, desde que nacemos hasta que morimos. Y lo que aún es más increíble: ¡solo el uno por ciento de toda esa actividad es consciente! Se destina a las capacidades cognitivas y motoras (pensar, ver, sentir, recordar, moverse, decidir, actuar...). Con el noventa y nueve por ciento de la energía restante, la actividad no consciente del cerebro «consolida, confirma, invalida, corrige o modifica las conexiones neuronales».[2] La actividad cerebral no consciente filtra e interpreta en su totalidad la visión que tenemos de nosotros mismos y del mundo que nos rodea.

Trabajar los miedos subyacentes ofrece la oportunidad de remodelar las creencias, de cambiar las percepciones y de actuar de otra manera. El cerebro es neuroplástico y se transforma sin cesar, y sin que nos demos cuenta de ello. No hay motivo alguno por el que no pueda acabar con sus miedos.

Descubra a su niño interior

La historia del concepto de niño interior

En 1990, creamos los grupos *Coeur d'enfant* (corazón de niño), para acompañar a los participantes en el proceso de reconexión con el niño interior. En aquella época, nuestro abordaje solía ser recibido con incomprensión. Para la mayoría de las personas, la idea del niño interior era descabellada o, aún peor, infantil y regresiva. Ahora, la neurociencia ha validado la importancia y la eficacia de este abordaje psicoterapéutico. Algunas de las redes neuronales del cerebro humano tienen un funcionamiento emocional, intuitivo, simbólico e imaginativo, fuera del tiempo y del espacio. La metáfora del niño interior* las moviliza y las ayuda a reintegrar muchas de las características del potencial de la infancia perdido.

El concepto de niño interior parte de la obra del psiquiatra suizo Carl Gustav Jung sobre el arquetipo del niño. Esta idea clave habita en el inconsciente colectivo y simboliza la promesa de la realización del Yo.* Jung afirma que: «el más pequeño en nuestro interior es el origen de la gracia».[3] En esta misma línea, el neuropsiquiatra italiano Roberto Assagioli recuerda, en los principios de la psicosíntesis, que el niño interior es el verdadero corazón del Yo. Este concepto inicial se desarrolló en Estados Unidos durante las décadas de 1960 y 1970. El psiquiatra estadounidense Éric Berne presentó con su análisis transaccional una teoría de la personalidad y de la comunicación basada en los tres «estados del Yo»: el adulto, el padre y el niño. En 1979, la suiza Alice Miller, doctora en psicología, defendió en *El drama del niño dotado* la experiencia del niño que dejamos atrás, y todas sus obras elaboran teorías cruciales para tener en cuenta al niño interior herido. Durante la década de 1980, la obra de los psicoterapeutas estadounidenses Hal y Sidra Stone sobre la psicología de las subpersonalidades popularizó el concepto del niño interior. En 1990, John Bradshaw, el célebre psicólogo estadounidense (que escribió el prólogo de nuestro primer libro, *Ábrete a tu corazón de niño*, véase bibliografía en la p. 207), se convirtió en uno de los padres del concepto del niño interior. Su obra sobre la familia, la vergüenza tóxica y las distintas edades del niño interior es fundamental.

En la actualidad, y a partir de nuestra investigación y de nuestra práctica psicoterapéutica, distinguimos claramente entre el niño adaptado* y el niño interior. Esta distinción hace mucho más operativos los procesos de curación psicológica. El niño adaptado es un falso Yo* que contamina al adulto. El niño interior creativo nos invita a expresar características naturales como la creatividad, el amor, la espontaneidad, la alegría, la libertad, el juego, la libre expresión de las emociones... El niño interior herido es frágil y vive atemorizado, exiliado en el corazón de cada uno. Exhorta al adulto a mostrarse empático y compasivo consigo mismo. La mayoría de los miedos subyacentes pertenecen al niño adaptado, que acapara demasiado espacio y ahoga al niño interior.

Resuma su relación con su niño interior

Responda con un sí o un no a las siguientes afirmaciones, sin reflexionar. En caso de duda, elija la respuesta que surja primero:

- Siento miedo o ansiedad ante lo nuevo.
- Me esfuerzo en complacer a los demás.
- Con frecuencia, entro en conflicto con los demás.
- Evito los conflictos siempre que puedo.
- Lo guardo todo y no tiro nada.
- Me obsesionan el orden y la limpieza.
- Con frecuencia, no me siento a la altura de las circunstancias.
- Tiendo a querer demostrar mi valía ante los demás.
- Tengo miedo a la gente y prefiero estar solo.
- No me gusta la soledad y necesito estar con gente.
- Tengo miedo al abandono.
- No conozco mis necesidades (o muy poco).
- Me cuesta tomar decisiones, elegir.
- Siempre estoy inquieto.
- Suelo decir que sí.
- Suelo decir que no.
- Me da miedo experimentar emociones y sentimientos.
- Me da miedo expresar emociones y sentimientos.
- Quiero ser lo más competitivo que sea posible.
- Me da miedo equivocarme y cometer errores.
- Dedico mucho tiempo a analizar lo que dicen los demás.
- Miento con regularidad, incluso sobre cosas que carecen de importancia.
- Las personas autoritarias me dan miedo.

- No soporto a las personas autoritarias y me enfrento a ellas.
- Suelo avergonzarme de mí mismo y de mis pensamientos, sentimientos y emociones.

Ahora, haga el resumen. Si ha respondido «sí» a cinco o más de estas afirmaciones, este libro está especialmente indicado para usted. Su conducta está dictada por miedos de los que, quizás, ni siquiera es consciente. Su niño interior lleva demasiado tiempo en el exilio. No se preocupe. A la mayoría de las personas les sucede lo mismo. Descubrirá cómo superar sus miedos y cuidar a su niño interior.

Le deseamos que viva aventuras maravillosas a medida que avance en la lectura.

---

1. André, Christophe, *op. cit.* (p 27)..
2. Cyrulnik, Boris; Bustany, Pierre; Oughourlian, Jean-Michel; André, Christophe y Janssen, Thierry, *Votre cerveau n'a pas fini de vous étonner*, Albin-Michel, 2012 (pp. 130-131).
3. Jung, Carl, *Le livre rouge Liber novus*, L'iconoclaste/La Compagnie du livre rouge, 2011 (p. 300).

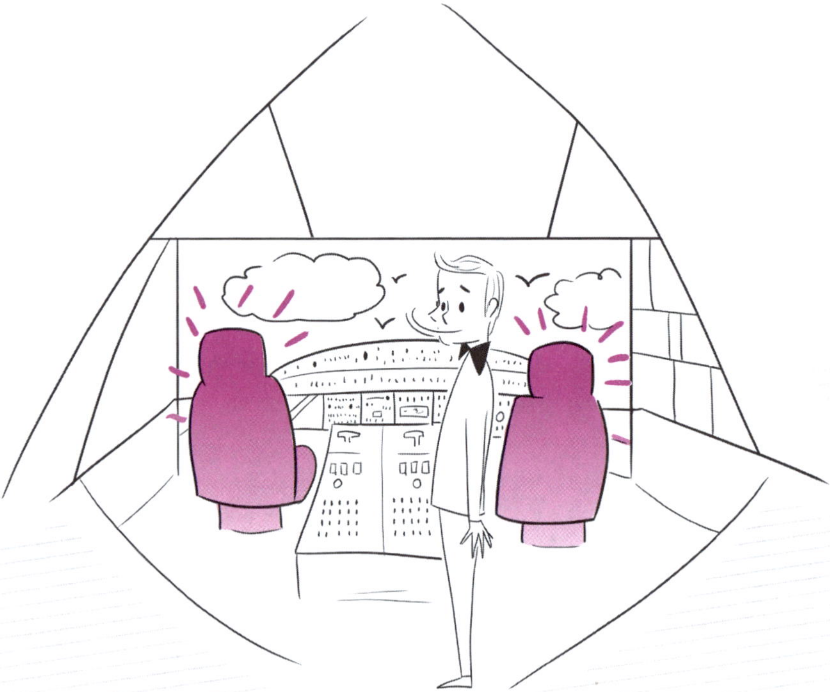

PRIMERA PARTE

El miedo

y sus síntomas

> A veces vivimos bajo la influencia difusa de un miedo excesivo que genera síntomas verdaderamente paralizantes (fobias, trastornos obsesivos--compulsivos, ansiedad o angustia) que ocultan miedos-cerrojo.

DÍA 1

¿Hay un piloto al mando del avión?

Levantar el velo del miedo

«El miedo es una bruma de sensaciones».

Jules Renard

¿Hay un piloto al mando del avión?

Está tranquilamente sentado en el avión. Disfruta de un viaje sin incidencias y las azafatas se ocupan de usted. Como el vuelo es algo largo, decide levantarse para estirar las piernas. Camina hacia la cabeza del avión y, de repente, algo le llama la atención. La puerta de la cabina está entreabierta. Duda unos instantes... y se acerca para echar un vistazo al interior. ¡Menuda oportunidad para descubrir un espacio vedado a los pasajeros! Por desgracia, lo que descubre le aterra. No hay nadie. La silla del capitán está vacía. El piloto no está en su sitio. Las numerosas luces del salpicadero parpadean y señales sonoras ligeramente estridentes invaden el habitáculo confinado de la cabina de mando. De hecho, le parece que el aparato empieza a caer en picado. El cuerpo se le tensa y el sudor le empapa la frente. Aparta la mirada instintivamente. Solo puede pensar en una cosa: escapar. Sin embargo, la realidad se impone: está cerrado en un avión y no hay salida. Empieza a ahogarse. Todo parece hundirse a su alrededor. Vuelve a su asiento, azorado, ensimismado. Una azafata le sonríe y le susurra algo, pero no la oye bien...

Esta metáfora describe una realidad psicológica e ilustra lo que podemos experimentar con mayor o menor intensidad cuando sufrimos un miedo excesivo.

El miedo, una joya que protege la vida

El miedo es una emoción que se activa cuando percibimos un peligro, ya sea real o imaginado. Se trata de una emoción universal y presente en todos los seres vivos, algo que no sucede con otras emociones, como la alegría o la tristeza. El miedo saludable es una joya que protege la vida.

El psicólogo Marc Spund subraya que el miedo «es a la mente lo que el dolor es al cuerpo».[1] El cuerpo ocupa un lugar fundamental en el proceso emocional. La cascada de emociones que se desencadena ante un estímulo genera reacciones fisiológicas (sudor, temblores, etc.) y conductas de bloqueo, huida o lucha. Y son precisamente esos cambios corporales los que nos informan de la presencia de la emoción. El cuerpo envía señales y el pasajero del avión interpreta que algo no va bien. En otras palabras, los síntomas de la emoción son los puntos de referencia que nos permiten evaluar el nivel de peligro.

El síntoma no dice la verdad

El síntoma es real, pero no dice la verdad. En la metáfora «¿Hay un piloto al mando del avión?», el pasajero tiene la seguridad de estar en peligro. Las señales que envía el cuerpo parecen confirmar que la emoción de miedo está justificada. Los sentidos dicen que el capitán está ausente. Sin embargo, no es así.

El miedo es necesario para la supervivencia y, por lo tanto, omnipresente. Espera la ocasión adecuada para despertar. Se trata de un sistema arcaico y muy sensible a situaciones concretas. Por ejemplo, volar no es algo natural para él. En los aviones, muchas personas están hipervigilantes sin ni siquiera darse cuenta.

Cuando el pasajero curiosea en la cabina de mando, el miedo inconsciente ya se ha activado y altera su visión y su percepción de la realidad. Como está convencido de estar en peligro, queda sordo y ciego a lo que le rodea. No oye que la azafata le dice: «El comandante se ha ausentado unos momentos. ¿Ha podido hablar con el copiloto?». De haberlo oído, se habría dado cuenta de su error.

Los síntomas del miedo invaden el cuerpo, informan de la naturaleza y de la intensidad de la emoción y activan el sistema de supervivencia. Sin embargo, los síntomas no traducen necesariamente la realidad del peligro.

Las raíces inconscientes

Todos los miedos tienen raíces inconscientes. El miedo excesivo es el resultado de un contenido inconsciente que asciende a la superficie. Esta irrupción amplifica aún más los sentidos, que se convierten en estímulos potentes.

El miedo crea verdaderas alucinaciones visuales, auditivas y sensitivas que multiplican y aumentan las sensaciones y las percepciones. Cuando se entera de lo que sucede en realidad, el pasajero del avión exclama. «¡Es increíble! Ni siquiera había visto al copiloto. Y eso que he mirado bien». Todos hemos vivido situaciones en las que los sentidos nos han traicionado. Estas alucinaciones son previas a la toma de conciencia de que se tiene miedo y acentúan la intensidad y la validez de la emoción.

Son muchas las personas que viven bajo la influencia de grandes temores y que quedan atrapadas en ese estado. Lo que caracteriza al miedo excesivo es la irrupción de contenido psicológico inconsciente.

El miedo es biográfico

El miedo nos invita a aclarar nuestra historia personal. Recuerde que el miedo es biográfico e indisociable de las experiencias anteriores. Hay que ir más allá de los síntomas y descubrir la historia que se oculta tras el miedo.

Como los síntomas mienten sobre la realidad del peligro, lo más fácil es pensar que el miedo es absurdo e inútil. No se equivoque. El miedo resuena con fragmentos completos de nuestra historia oculta. Los sentimientos no expresados, las necesidades no satisfechas y las situaciones no digeridas del pasado son terreno abonado para el miedo, que limita nuestra percepción de la realidad.

Cuando desconocemos parte de nuestra verdad interior, somos presas potenciales de los miedos mudos, de esos temores que no se hacen oír más allá de los síntomas.

La alarma psicocorporal

Catherine, soltera y de cuarenta años de edad, explica así su problema: «Quiero ir a la boda de mi hermana, pero todo me resulta muy complicado. Me da miedo ir. Tengo muchas manías que me perturban. Ojalá pudiera resolverlo, pero es más fuerte que yo». Catherine padece un trastorno obsesivo-compulsivo (TOC), que interfiere con su vida cotidiana. El TOC es un trastorno de la conducta asociado a la angustia. Se caracteriza por ideas fijas que invaden el pensamiento y que obligan a llevar a cabo acciones compulsivas. Catherine se lava las manos con frecuencia. En la entrada de su apartamiento ha organizado una especie de filtro donde se desviste, para evitar cualquier contacto entre el exterior y el interior. Todas sus dificultades tienen en común el pánico a la suciedad y al contagio. Guarda sus objetos preferidos en bolsitas de plástico y los desinfecta con regularidad. Evidentemente, todo esto tiene una repercusión dramática sobre sus relaciones con los demás. La menor salida ha de estar acompañada de múltiples rituales de protección. Catherine vive constantemente sometida a síntomas severos y a miedos irracionales.

Al final, decide afrontar sus miedos e ir a la boda de su hermana. Cuando regresa, la situación ha empeorado. Su cuerpo y su alma le «gritan», literalmente. Todos sus males se han agravado. Sus reacciones son una forma de alarma psicocorporal, como los indicadores luminosos y sonoros del avión. Su cuerpo parece decirle que jamás ha corrido tanto peligro. Se siente perdida y el futuro la asusta.

El castillo de naipes

Desesperada, Catherine acepta un protocolo nuevo, que consiste en dejar de prestar atención a los síntomas. Cuando se presenta una compulsión, aprende a decir en voz alta: «Estoy segura de que este síntoma se debe a algún motivo que desconozco, pero elijo comunicarme directamente con el miedo».

El psiquiatra estadounidense Jeffrey M. Schwartz, conocido por su investigación sobre la neuroplasticidad y su aplicación en el trastorno obsesivo-compulsivo, recuerda que, más allá del pensamiento obsesivo, hay una parte de la mente que sabe y conoce la verdad. Ha demostrado que las prácticas centradas en la respiración permiten ordenar el pensamiento y centrarse en conductas más constructivas. La intención ejerce un gran poder transformacional sobre el cerebro, porque genera conexiones neuronales nuevas, es decir, un cableado nuevo que libera a la mente del miedo, de la obsesión y de la compulsión.[2]

Durante la terapia, Catherine se concentró en la parte de sí misma que contaba con múltiples recursos, y así pudo escuchar los mensajes de su verdad interior y trascender sus sufrimientos de niña. Había vivido con miedo durante toda su infancia y los maltratos de sus padres le habían dejado heridas profundas. Para huir de ese sufrimiento, había erigido una serie de murallas que la separaban de sus propias emociones infantiles. A lo largo de un año, atravesó los distintos miedos y fue más allá de los síntomas, para liberar un verdadero magma emocional de miedo, ira y tristeza.

El resultado fue espectacular. Una a una, las conductas obsesivo-compulsivas se fueron desmoronando, como en un castillo de naipes. Los síntomas del miedo son absolutamente reales, pero lo más habitual es que desaparezcan cuando escuchamos el mensaje que se esconde tras él. Cuando dejamos de aferrarnos al miedo, podemos levantar el velo que lo oculta y aceptar, revelar, revivir y atravesar lo que había quedado enquistado en el pasado.

Escuchar al piloto interior

«En la tempestad se conoce al buen piloto».

Séneca

La autorregulación

La psique es «un sistema autorregulado que mantiene su equilibrio al igual que el cuerpo».[3] La mente y el cuerpo son universos de autocuración muy sofisticados y el miedo forma parte de ese sistema. A pesar de que los síntomas puedan resultar incapacitantes, el miedo imaginario es una llamada a la autorregulación del sistema interno. Se integra (al igual que el resto de las emociones) en una forma de inteligencia preverbal y preconsciente. Por lo tanto, lo importante no es tanto curar el síntoma (un deseo absolutamente comprensible y legítimo), sino dilucidar las relaciones en el seno del sistema psíquico que, a su vez, está interrelacionado con sistemas externos, como la familia, el entorno profesional, el sistema de vida, etc. En nuestra práctica psicoterapéutica, nunca tratamos los miedos directamente, sino que abordamos el sistema en su totalidad. La curación del síntoma (TOC, fobia, estrés, etc.) no es más que el resultado visible de un cambio sistémico subyacente. Todos los ejemplos que citamos en el libro son un testimonio vivo de ello. Seguimos un proceso parecido para tratar las dependencias.

Un barómetro de la vivencia

Volvamos con Catherine. Cuando explicaba su proceso, se quedaba muy sorprendida por los comentarios de sus seres cercanos: «Es un milagro que todos tus miedos hayan desaparecido», «Pensaba que se tardaban años en resolver un TOC...», etc. Fue la primera vez que Catherine fue consciente de haberse transformado. La alegraba que los síntomas hubieran desaparecido, pero, para ella, lo más importante no era eso. El cambio más radical consistía en haber descubierto un equilibrio dinámico y natural en el que había aprendido a escuchar la verdad interior que subyacía a sus miedos.

Cuando desconectamos de nuestro interior y carecemos de un contexto relacional sano, huimos de los mensajes que nos transmite el miedo y nos centramos en erradicar los síntomas. Esta especie de lucha contra nosotros mismos rara vez conduce a la curación real. El miedo y, de forma más general, las emociones, nos invitan a ser seres más conscientes y más vivos. Por eso decimos que el miedo es uno de los barómetros de la vivencia*, de «esa calidad de ser que habita en nosotros y que dinamiza el potencial de vida que tenemos cada uno».[4]

Cuando el miedo se manifiesta de forma excesiva, nos advierte de bloqueos en el paisaje interior. Los síntomas son como volantazos en ausencia de un piloto capaz de reequilibrar el aparato psíquico.

El primer miedo-cerrojo: el miedo a perder el control

La vida, en sus múltiples formas y sus innumerables experiencias, da miedo. Sí, la vida da miedo. Como queremos hacer frente a lo que nos va sucediendo, no dedicamos el tiempo necesario a escuchar profundamente las respuestas que proceden de nuestro interior. Intentamos controlar nuestra vida. El deseo de combatir los síntomas responde a esta misma lógica. Es un intento de recuperar las riendas sobre uno mismo. Aunque se trata de un deseo natural y legítimo, puede alimentar una ilusión: la de que el miedo puede desaparecer para siempre.

Resulta más fácil darse cuenta de que el miedo es un grito de socorro si entendemos la mente como un sistema interrelacionado. Los acontecimientos olvidados, los sufrimientos ocultos, las necesidades o anhelos negados siempre acaban por salir, antes o después. ¡Claro que dan miedo! Y nos aterra perder pie. Los síntomas del miedo nos sumen en la impotencia y alimentan el miedo a perder el control.

Este miedo a perder el control actúa como un repelente que nos aleja de nuestro mundo interior. Es un cerrojo muy potente que, con frecuencia, agrava los síntomas. La ansiedad, la angustia y el estrés son síntomas del miedo a dejar de aferrarnos. Si desviamos la mirada del síntoma que deforma el miedo, la dirigiremos hacia el interior, donde hallaremos la respuesta. La puerta está dentro. Hay una llave para cada cerrojo. Y el miedo nos invita a descubrirla.

El símbolo de la azafata

En la metáfora «¿Hay un piloto al mando del avión?» (p. 17), la azafata simboliza una cualidad concreta de la conciencia distanciada de la experiencia. Nos ofrece la capacidad de tomar perspectiva y de adoptar una visión nueva de lo que vivimos en nuestro interior. Todos lo hemos experimentado cuando, en algún momento difícil de nuestras vidas, hemos mantenido la serenidad y hemos podido hacerlo lo mejor posible.

En ocasiones, esta voz es como un susurro entre la cacofonía mental. Oírla y escucharla puede llegar a ser muy difícil. Las últimas palabras de la azafata significan: «No se preocupe. Claro que hay un piloto. Confíe en él».

Cuando tenemos miedo, nos da la sensación de que perdemos el control sobre nosotros mismos. Se trata de una situación incómoda que nos revela los límites y la naturaleza imperfecta del ser humano. Aun así, el miedo es un indicador formidable, siempre que acallemos lo mental y nos esforcemos en descubrir el verdadero piloto interior.

Ir más allá de los múltiples miedos que siembran el trayecto vital exige dejar de aferrarse y aceptar, dos cualidades esenciales a la hora de descubrirnos a nosotros mismos más allá de los límites aparentes.

El ejercicio del día: ritual psicocorporal

Este ritual es tan sencillo como potente. Permite acallar lo mental y escuchar al piloto interior. Durante los veintiún días de este trayecto, practíquelo siempre que sienta miedo. Verá que tiene en cuenta múltiples aspectos del miedo.

Fase 1. Cuando sienta miedo, deténgase y permanezca inmóvil durante unos instantes. Atienda a las sensaciones de su cuerpo por desagradables que resulten. No las evite. Dé nombre interiormente a las sensaciones que perciba (por ejemplo: nudo en la garganta, dolor de estómago, temblores, manos sudadas, etc.) e identifique el miedo (por ejemplo: miedo al vacío, miedo a hablar en público, miedo a desmayarme, etc.).

Fase 2. Céntrese en la respiración. Inspire profundamente, contenga la respiración cinco segundos y espire hasta haber expulsado todo el aire. Repita cinco veces.

Fase 3. Céntrese en el movimiento. Dé un paso a la derecha. Una vez desplazado, abra los hombros y extienda ligeramente hacia delante los brazos, con las manos abiertas.

Fíjese en las sensaciones nuevas que se instalan en su cuerpo. Es muy habitual que esta nueva postura se vea acompañada de una sonrisa (real o interior). Tome conciencia de la sonrisa y de la emoción, sentimiento o deseo asociado a ella (por ejemplo, alegría, alivio o deseo de compartir la experiencia con otro). Acompañe estas percepciones nuevas con respiraciones lentas y profundas. El miedo disminuirá de forma natural y dejará espacio libre para más energía y para que su vitalidad circule mejor. Le sorprenderá la rapidez con que se operará el cambio en usted.

Es posible que el miedo y las sensaciones desagradables no desaparezcan por completo, pero lo que sí es seguro es que bajarán de intensidad. No intente suprimir ni el miedo ni sus síntomas. Limítese a atender a los cambios. Se dará cuenta de que el miedo ya no le impide avanzar.

Vale la pena subrayar que poner en práctica el ritual es mucho más difícil una vez que se es presa del pánico. Si le sucede, dedique mucho más tiempo a la respiración (fase 2) y espere a que las sensaciones desagradables hayan disminuido hasta un nivel aceptable, antes de pasar a la fase 3.

Fase 4. Apunte en una libreta qué siente cada vez que ponga en práctica este ritual. Anote el día, el miedo con el que ha conectado y qué ha cambiado una vez que se ha ubicado en otro lugar.

1. Spund, Marc, *Vaincre les peurs et les phobies*, L'Archipel, 2005 (p. 31).
2. Conclusiones de Jeffrey M. Schwartz en *The Mind and The Brain: Neuroplasticity and The Power on Mental Force*, HarperPerennial, 2003, explicadas por John Bradshaw en Découvrir ses vraies valeurs, *op. cit.* (pp. 108-110).
3. Jung, Carl G., *L'Homme à la découverte de son âme*, Albin Michel, 1987.
4. Jacques Salomé utiliza el término «vivencia» desde la década de 1970. Esta es la definición que aparece en su obra *La Ferveur de vivre*, Albin Michel, 2012 (p. 20).

DÍA 2

El cuerpo del miedo

De la sensación a la verdad interior

«Buscar el origen de un sufrimiento a través de las manifestaciones de miedo permite apoyarse en manifestaciones psicológicas muy concretas y fáciles de identificar».

Luc Nicon

El miedo al agua como ejemplo de fobia

El miedo fóbico es un síntoma de energía bloqueada y una distorsión de la reacción normal de miedo. La persona fóbica está encerrada en un caparazón que le evita un sufrimiento cuyo origen suele ser lejano y misterioso. También puede suceder que la fobia esté directamente relacionada con un acontecimiento traumático, como ilustra el testimonio de Nathalie: «Mi miedo al agua se remonta a la adolescencia. A los trece años de edad, el agua de convirtió en un peligro gigantesco: se llevó a mi madre y estuvo a punto de llevárseme a mí. Sucedió en verano de 1986, el primer día de vacaciones de mi madre. Era un día de agosto perfecto, con un cielo completamente azul, y hacía mucho calor. Nos metimos en el mar. Ni ella ni yo sabíamos nadar. Lo único que he podido recordar durante veinticinco años es que estaba totalmente sumergida en agua turbulenta, luego las sirenas de la policía y el camión de bomberos, con mi madre tendida sobre una camilla y tapada con una sábana blanca. Las circunstancias del accidente desaparecieron inmediatamente de mi memoria».

Tras esta tragedia, Nathalie atravesó un largo periodo de inestabilidad. Su padrastro, abatido por el duelo, no conseguía ocuparse de ella. Conoció a su padre, que la había abandonado al nacer. Tras una reunión familiar, se decidió que viviría con su tía, la hermana de su madre. El traslado sucedió de la noche a la mañana. Durante todo este tiempo, nadie le explicó nada y nadie expresó tristeza delante de ella.

Una vez adulta, Nathalie se mostraba parcialmente insensible a los acontecimientos y a las personas. Tenía dificultades para expresar emociones o sentimientos, por lo que no conseguía construir un entorno afectivo estable. El miedo al agua ocupaba un lugar muy importante en su vida. El trauma de la infancia y el silencio de su familia entonces le habían impedido vivir la pena plenamente.

Trauma consciente

Una fobia es un miedo asociado a un objeto (o a una situación) que se percibe como peligroso. La fobia nos enseña mucho sobre la naturaleza del miedo. Aunque no se exprese en forma de fobia, el miedo pertenece más al mundo de las representaciones que al de las percepciones. Por ejemplo, Nathalie se convirtió en «la causante de la muerte de su madre». Las representaciones suelen ser la pantalla sobre la que se proyecta el contenido sensorial y emocional reprimido. Esto significa que la mente fabrica una imagen aterradora que genera sensaciones y emociones ilusorias que no se corresponden a lo que se ha vivido y sentido originalmente.

La fobia utiliza un objeto o una situación para focalizar en ellos gran parte de la angustia y del sufrimiento que no han podido ocupar el lugar que les correspondía. La mayoría de los miedos actúan así y crean representaciones e imágenes de uno mismo, de los demás y del entorno. En un primer momento, esta estrategia de represión es necesaria para la supervivencia. Sin embargo, las sensaciones y las emociones originales permanecen a la espera de ser vividas y superadas.

La historia de Nathalie es reveladora. Se sentía completamente perdida e indagó para averiguar la verdad de lo que había sucedido ese terrible día de agosto de 1986. «Cuando recibí la carta, el corazón se me desbocó. Descubrí el informe policial oficial, leí mi declaración y la de un testigo [...] Lloré al leer mis palabras de niña de trece años: "Mamá se ha mareado. Se ha desmayado y, al caer al agua, me ha agarrado del tobillo y me ha arrastrado bajo el agua"». Cuando entendió que su madre había fallecido por un corte de digestión y que ella se había salvado gracias a la intervención de un testigo, su representación de los hechos se desmoronó.

La culpabilidad ya no tenía razón de ser. Por fin pudo restablecer el vínculo con su adolescente interior: «Pude escuchar, entender y compartir el sufrimiento de la pequeña Nathalie de trece años». Ahora, Nathalie adora el agua. Va a clases de natación e incluso se está preparando para dar a luz a su hija en el agua.

Trauma inconsciente

En función de su naturaleza, las fobias afectan a entre el cinco y el veinticinco por ciento de la población y tienen su origen en angustias profundas asociadas a traumas infantiles. Suelen aparecer entre los siete años (para las fobias simples focalizadas en un objeto externo) y los veinte años (para las fobias sociales).

El vínculo entre fobia y trauma no siempre es evidente y, con frecuencia, el origen traumático no está claro. En el caso de Nathalie, el objeto fóbico, es decir, el agua, estaba directamente relacionado con el trauma. Sin embargo, lo más habitual es que el objeto fóbico solo esté relacionado con el trauma de forma simbólica y metafórico. Aunque es posible buscar acontecimientos o recuerdos traumáticos tras el lenguaje simbólico, corremos el riesgo de dar cuerpo a representaciones que ocultarán la emoción original.

Lo más oportuno es devolver a la experiencia sensorial la importancia que merece y aceptar que «no hay que buscar nada, entender nada ni interpretar nada; lo único que hay que hacer es vivir la experiencia a nivel físico y dejarse llevar por la sensación. Se trata de convertirse en espectador y de dejarse llevar por las sensaciones, sin un objetivo concreto y sin preconcepciones en relación con las imágenes, los sonidos, las texturas, los olores y los sabores que han dejado en nosotros rastros que pueden manifestarse ahora.»[1] Cuando no podemos acceder a la memoria para recordar y renunciamos a la voluntad de saber, podemos recuperar las manifestaciones sensoriales escondidas en las profundidades de la memoria corporal.

La respiración consciente

El miedo viene acompañado de sensaciones físicas que, con frecuencia, percibimos como incontrolables y que pueden llegar a levantar una barrera contra la exploración sensorial del cuerpo. Las personas fóbicas o presas de un miedo excesivo tienden a ser reticentes a dejar que su cuerpo se exprese; y es comprensible. Temen que la situación empeore.

Tara es una de las divinidades más populares del budismo tibetano. Desde un punto de vista etimológico, Tara significa «la salvadora» o «la liberadora». Permite superar tanto las dificultades externas como las perturbaciones internas, como el miedo. También representa la fuerza purificadora de la respiración que anima a todos los seres humanos vivos. Esta imagen deificada establece un vínculo natural entre la liberación de estados emocionales concretos y la respiración.

Solemos olvidar que el aire es un recurso abundante al que podemos acceder en cualquier momento y que la respiración natural es algo precioso. La angustia, que es una manifestación de inquietud intensa, nos lleva en ocasiones a sentir que no podemos respirar y que estamos a punto de asfixiarnos. El miedo paraliza la libre circulación de la energía y de la respiración en el cuerpo; por eso, respirar de forma consciente es un recurso formidable que nos permite gestionar los estados emocionales perturbadores.

El ejercicio del día: respirar de forma consciente

Fase 1. Siéntese o tiéndase cómodamente. Cierre los ojos. Respire profundamente tres veces, inspirando y espirando desde el diafragma. Ahora, centre la conciencia y la respiración en las partes del cuerpo que enumeramos a continuación.

- Pie derecho, tobillo derecho, pantorrilla derecha, rodilla derecha, muslo derecho, nalga derecha, mano derecha, muñeca derecha, antebrazo derecho, codo derecho, brazo derecho, hombro derecho.
- Pie izquierdo, tobillo izquierdo, pantorrilla izquierda, rodilla izquierda, muslo izquierdo, nalga izquierda, mano izquierda, muñeca izquierda, antebrazo izquierdo, codo izquierdo, brazo izquierdo, hombro izquierdo.
- Genitales, abdomen, interior del abdomen (intestino delgado, intestino grueso, hígado, vesícula biliar, páncreas, vejiga, bazo), tórax, interior del tórax (pulmones, corazón).
- Columna vertebral desde el cóccix, sacro, lumbares, dorsales y cervicales, omoplatos, cuello, garganta, cuerdas vocales.
- Cabeza: mandíbula, boca, nariz, ojos, orejas, frente, cuero cabelludo.

Repase rápidamente todas las partes del cuerpo: pies, tobillos, pantorrillas, rodillas, muslos, pelvis, genitales, abdomen, pecho, manos, muñecas, antebrazos, codos, brazos, hombros, columna vertebral, cuello y cabeza.

Fase 2. Ahora está plenamente presente. Respire veintiuna veces, inspirando y espirando profundamente. Con cada inspiración, sienta cómo se dilata todo el cuerpo y, con cada espiración, sienta cómo vuelve a contraerse, como si se tratara del ir y venir de las olas en la playa.

Fase 3. Abra los ojos. Se siente tranquilo y sereno. Mueva con suavidad todo el cuerpo e incorpórese con cuidado.

Es indispensable que tomemos conciencia de nosotros mismos y del cuerpo mediante la respiración si queremos resonar con los recuerdos sensoriales que se ocultan tras los miedos. Así podremos aceptar, sin más, el sufrimiento oculto. El proceso de curación no tiene que ver con los recuerdos, sino con la reexperimentación sensorial y emocional de lo que se oculta tras el miedo.

La memoria corporal

El cuerpo recuerda todo lo que vivimos, incluidas las emociones bloqueadas o reprimidas. El ejemplo de Nathalie nos ha enseñado que no tuvo la posibilidad de expresar en un entorno de apoyo y aceptación el miedo a haber muerto junto a su madre. El miedo al agua ocultaba también una pérdida de confianza en el otro. Su madre estuvo a punto de ahogarla al agarrarse a ella, su padre la abandonó dos veces y su tía no podía ocultar su pena. Su miedo gritaba: «¡No puedo confiar en nadie!». Ahora está a punto de tener una hija y acepta el amor y la relación que le ofrece su compañero.

Alice Miller nos recuerda que «cuando una persona intenta sentir lo que se supone que debe sentir y reprime lo que siente en realidad, enferma».[2] Y la enfermedad puede ser física o psíquica. En ambos casos, acabamos dañando la relación con nosotros mismos y/o con los demás. La memoria corporal necesita liberarse, pero hay un miedo fundamental que la encadena.

Recuperar el vínculo con el niño interior

«Cuando descubrimos a nuestro niño interior, descubrimos la puerta a nuestra alma».

Hal y Sidra Stone

El segundo miedo-cerrojo: el miedo a volver a experimentar el sufrimiento de la infancia

Al principio cuesta conectar con el niño interior* herido, porque sabemos que ha sufrido y preferimos olvidar todas las experiencias que nos han hecho daño en el pasado. Además, nos sentimos impotentes ante él. Natalie recuerda así su primer encuentro con su adolescente interior de trece años: «Yo, la adulta, no sabía qué hacer con esa adolescente a quien le costaba permitir que me acercara. No quería que la abrazara. Desconocía ese gesto. Estaba completamente perdida. Al final, decidí que me limitaría a escucharla, a tranquilizarla y a decirle que sabía y entendía por lo que había pasado». Este es el gran drama de los adultos. Construimos un muro para que nos proteja del sufrimiento que padecimos durante la infancia.

La mente humana absorbe información y es muy sensible desde la infancia y por naturaleza. Para poder avanzar en su desarrollo, el niño no tiene otra opción que adaptarse y reprimir ciertas emociones. Se conforma a la imagen que sus padres tienen de él, para recibir cuidados y tener la sensación de ser amado. Reprime parte de su sufrimiento y aprende a temer y a reprimir la pena y los temores. E incluso cuando surgen, las emociones infantiles tienen dificultades para imponerse a los mecanismos de supervivencia que adquirimos a edades tempranas.

El miedo a revivir el sufrimiento de la infancia es invasivo y bloquea la empatía natural, o la capacidad de ponernos en el lugar del otro. Y, sin embargo, esta empatía es esencial para reconstruir una relación sana entre el adulto y el niño interior.

Cierre los ojos e imagine a un niño pequeño perdido, sentado en el bordillo de una acera. Está frente a usted. Llora. No intente averiguar por qué. No se pregunte cómo podría consolarlo. No necesita ni lo uno ni lo otro. Limítese a decir lo siguiente.

Puedo sentir lo que sientes

Tu sufrimiento es legítimo y puedes estar tranquilo

Estoy a tu lado para escucharte y oírte

Puedes hablarme de todo

Te doy permiso para expresar lo que sientes

Tienes derecho a estar triste o enfadado o a tener miedo

Volvamos juntos a casa

Estas frases le ayudarán a sentir empatía hacia su niño interior.[3] Es un paso crucial para poder acoger su sufrimiento de la infancia. Todos los adultos son capaces de trascender este sufrimiento original, el sufrimiento de su niño interior. La empatía hacia uno mismo es una clave crucial a la hora de superar los temores.

El cuerpo del miedo

La metáfora del niño interior es una oportunidad maravillosa para superar el miedo, porque, con mucha frecuencia, el niño interior se siente inseguro. Hablarle unos diez minutos al día, de un modo sencillo, como en el ejercicio anterior, puede cambiarle la vida por completo.

El miedo es una emoción básica que habita en usted desde que nació. Aunque es una emoción natural, en la mayoría de los casos no nos enseñan a entrar en contacto con lo que necesitamos vivir, sentir y expresar.

El miedo tiene siempre una función doble: bloquear su verdad interior o invitarle a que la descubra. Depende de cómo lo afronte. Cuando no cultivamos cualidades específicas, como el no aferrarse o la empatía, somos incapaces de abrir la puerta. El miedo blinda el cuerpo y la mente con cerrojos de los que casi nunca somos conscientes, como el miedo a perder el control o a revivir el sufrimiento de la infancia. Existe un tercer cerrojo que, por lo general, se oculta tras todos los temores.

1. Nicon, Luc. TIPI, *Technique d'identification des peurs inconscientes – Phobies, dépression, inhibition, irritabilité, angoisses*, Émotion forte, 2007 (pp. 20-21).
2. Millre, Alice, *Notre corps ne ment jamais*, Flammarion, 2005 (p. 11).
3. Nuestro disco compacto con prácticas guiadas es una herramienta maravillosa para entrar en contacto con su niño interior y forjar un vínculo empático con él. Véase, Ballet de Coquereaumont, Marie-France y Emmanuel, *Se réconcilier avec son enfant intérieur*, Éditions du Souffle d'or, 2012.

DÍA 3

El campo de las posibilidades

Las fronteras de la pertenencia

«El hombre propone y dispone.
Solo quiere pertenecerse completamente a sí mismo».

André Breton

El alba de una transformación

En ocasiones, el reencuentro con el mundo interior adopta formas sorprendentes. Para Aurélie, de cincuenta y nueve años de edad, fue una experiencia transformadora. Hace un año, hacia el amanecer, oyó una voz que surgía de ninguna parte y que pedía auxilio: «¡Aurélie, Aurélie, ayúdame!». Se despertó sobresaltada y se levantó sin entender lo que sucedía. La voz le resultaba familiar. Al principio, imaginó que la necesitaba alguien de su familia. Luego, se pasó todo el día intentando convencerse de que no había sido más que un sueño. Sin embargo, la experiencia le había parecido muy real. El mensaje de la voz la obsesionaba, le parecía crucial. Al cabo de unos días, se dio cuenta de que esa voz era la suya propia.[1] Se había pedido ayuda ella misma. Lo relacionó con sus temores acerca de su futuro profesional.

Ante la angustia

La ansiedad es consecuencia del miedo. Es un estado de aprensión, de nerviosismo y de malestar, en ocasiones muy intenso. La angustia es una emoción de miedo más puntual. Se parece a la ansiedad y aparece en forma de crisis. Se ha demostrado que, en muchas ocasiones, el origen de la angustia se remonta a la relación madre-hijo. El niño, empático por naturaleza, percibe la angustia de su madre.

Aurélie pertenece a la alta burguesía y toda su familia vive según normas estrictas. La pedagogía dual de sus padres clasifica la conducta en uno de dos apartados: «lo que se hace» y «lo que no se hace». Estas frases-fetiche de su madre definen el marco que hay que respetar y dan a entender que pertenecer a esa familia concreta, más allá del grupo social definido (la alta burguesía), depende de la obediencia a esas normas de conducta. De niña, Aurélie sintió con fuerza las restricciones sociales y familiares, pero se adaptó a ellas y, una vez adulta, se permitió ciertas transgresiones, como la elección de un marido de clase social más modesta. Tiene tres hermanos y cinco hermanas; todas las chicas cursaron estudios de secretariado y se casaron con hombres de su misma clase social. En esa familia, realizarse profesionalmente no es importante, lo único que se tiene en cuenta es el estatus de «buena esposa y buena madre de familia».

Aurélie había conseguido construir un matrimonio basado en el amor, con un músico, pero su trabajo de secretaria la aburría. Cada vez estaba más angustiada, porque no soportaba su trabajo, pero no concebía otro futuro.

El campo de posibilidades

Todos vivimos en un campo de posibilidades, que está compuesto por un conjunto de apreciaciones y valoraciones, y que engendra prácticas familiares y sociales definidas. Las personas que parten de condiciones similares suelen compartir una misma visión del mundo, unas mismas creencias, una misma idea de lo que es posible y de lo que no, unos mismos criterios para la elección de amigos, de ocio, de opciones estéticas, etc.[2] Este marco no está completamente determinado antes ni es absolutamente rígido. Las personas y los grupos pueden hacer evolucionar las fronteras de su campo, aunque suele ser a costa de grandes temores y confrontaciones dolorosas. El desarrollo del ser humano pasa necesariamente por la ampliación de su campo de posibilidades. En lo más profundo de nosotros mismos, todos contamos con la capacidad plena y completa de crear algo nuevo.

La excandidata a la presidencia francesa, Ségolène Royal, nos mostró que había cruzado un límite prohibido al postularse como la primera mujer candidata a las más altas funciones del Estado galo. Encontró oposición procedente de todas partes, incluso desde su propio sector político. Flanquear los límites del ámbito familiar, social y colectivo sigue siendo muy difícil.

Cuando nos acercamos a un límite, hay anhelos justos y que conducen al crecimiento personal que nos pueden parecer peligrosos, ya sea para nosotros mismos o para los demás. La angustia se activa para garantizar no la seguridad personal, sino la conformidad al marco establecido. La insatisfacción y el deseo de cambio de Aurélie alcanzaron tal intensidad que empezaron a ser causa de angustia y de malestar reales. Empezó a oír que alguien gritaba desde su interior. Su niña interior veía coartada su fe infantil, su optimismo y su confianza natural en la vida. La Aurélie adulta se ahogaba. Ahora pudo tomar conciencia de que era ella misma quien no se concedía la libertad y el placer de desarrollar una profesión que le gustase.

Superar los límites

«Trascender los límites de nuestra sensibilidad y de nuestra visión mental significa alcanzar una libertad más vasta, esto es lo que significa la inmortalidad».

Rabindranath Tagore

El tercer miedo-cerrojo: el miedo a superar los límites

Este tercer miedo-cerrojo es especialmente tóxico, porque paraliza la vitalidad y la fuerza que nos impulsan a desarrollar todo nuestro potencial y nuestro genio natural. Todos tenemos derecho a expresarnos plenamente. ¿Alguien le ha dicho o le ha hecho sentir lo contrario?

El escritor estadounidense Gay Hendricks explica su propia experiencia, muy parecida a la de Aurélie: «Había fabricado multitud de imágenes dolorosas que me hacían sentir bien. Había una parte de mí que temía disfrutar de la energía positiva durante periodos prolongados de tiempo, y cuando alcanzaba mi límite máximo de emociones positivas que podía gestionar, creaba toda una serie de pensamientos desagradables para desinflarme. Los pensamientos que fabricaba me garantizaban volver a un estado que me resultaba mucho más conocido».[3]

Si nos negamos a esclarecer nuestros conflictos internos y las angustias que estos generan, reprimimos y renunciamos a gran parte de nuestro impulso vital*. Remamos a contracorriente. La vida es un proceso que se basa en el cambio, el movimiento y la cooperación. Sin esta dinámica, la vida deja de circular.

El miedo-cerrojo que nos impide superar los límites del campo de posibilidades es muy potente. Aurélie se sentía avergonzada y culpable por cuestionar los valores de su familia de origen. Sus emociones tóxicas garantizan su obediencia al modelo familiar, social y cultural de referencia.[4]

Animamos a Aurélie a que escuchara su voz interior y se planteara preguntas nuevas:

- ¿Qué me apasiona?
- ¿Qué tipo de profesión se acerca más a mis gustos, pasiones y anhelos?
- ¿Cómo puedo trabajar sin sentir cansancio ni aburrimiento?
- ¿Qué competencias específicas me hacen única?

Tras unos meses de reflexión y de maduración, Aurélie se lanzó a una carrera profesional nueva.

Ampliar el campo de posibilidades

Eleanor Roosevelt, esposa del célebre presidente estadounidense, aconsejaba: «Haced a diario algo que os asuste». Es una idea excelente para ampliar el campo de posibilidades personal.

Las tensiones, la ansiedad y las crisis de angustia disminuyen a medida que nos disociamos y nos distanciamos de las experiencias de miedo:

No soy mi miedo.
Esto no es más que una experiencia de miedo.
Existo más allá de mi miedo.

Lo que importa no es saber qué es posible o no, porque es distinto para cada uno de nosotros. Lo que importa es saber reconocer que lo imposible no es más que un límite que nos impone la mente y que superarlo solo depende de nosotros.

Superar los límites del cercado familiar, cultural o social es una liberación. Indica la importancia que nos atrevemos a darnos a nosotros mismos frente a los demás. La confianza se cultiva mediante la adquisición progresiva de lo que nos parecía imposible. Ampliar el campo de posibilidades significa darse permiso para experimentar el éxito.

El ejercicio del día: ponga a prueba los límites de su campo de posibilidades

Fase 1. Responda a las preguntas siguientes con un SÍ o un NO.

- ¿Llevo a cabo lo que es esencial y correcto para mí?

- ¿Llevo el volante de mi vida en los ámbitos cruciales para mí?
- ¿Estoy en mi sitio?
- ¿Persigo mis anhelos, esperanzas y sueños?
- ¿Sigo mi vocación profesional?
- ¿Me atrevo a emprender actividades nuevas?
- ¿Mis relaciones personales me llenan de placer, alegría y felicidad?
- ¿Soy importante para mí mismo?
- ¿Satisfago mis necesidades básicas?
- ¿Cuido de mí y de mi salud?
- ¿Mi vida tiene sentido?

Fase 2. Cada respuesta negativa le indica una frontera, un límite en su campo de posibilidades. Evalúe, para cada una de ellas, su nivel de insatisfacción de 0 (nada insatisfecho) a 10 (muy insatisfecho).

Fase 3. Analice las respuestas negativas. Si su nivel de insatisfacción es igual o inferior a 5, lo más probable es que no tenga anhelos de superar el límite. Y esto puede significar una de dos cosas. O bien no se trata de algo crucial para usted, o bien no tiene la conciencia suficiente de lo que ese límite entraña.

Fase 4. Espere tres días y evalúe de nuevo su nivel de insatisfacción con las respuestas inferiores a 5. Constate si hay cambios. Si no sentimos la insatisfacción suficiente, no superaremos el límite en cuestión.

1. Jung demostró que escuchar voces es una de las propiedades naturales del inconsciente. El psiquiatra y psicoterapeuta holandés Dick Cortens explica que: «Escuchar voces no debe entenderse como una patología que hay que erradicar, sino como una experiencia llena de sentido que hay que interpretar en el marco de la historia singular de quien las escucha». Esta experiencia es también un reflejo de la multiplicidad psicológica y de las numerosas subpersonalidades que habitan nuestro mundo interior.
2. El concepto de «campo de posibilidades» que describimos en el libro se inspira en la idea de «*habitus*» del sociólogo francés Pierre Bourdieu. Véase la obra dirigida Serge Paugam, *Les 100 mots de la sociologie*, colección «Que sais-je?», PUF, 2010.
3. Hendricks, Gay, *Le Grand Bond – surmontez vos peurs cachées et apportez une nouvelle dimension à votre vie*, ADA éditions, 2010 (pp. 5-6).
4. Para un análisis detallado de las emociones tóxicas de vergüenza, culpabilidad, abandono e impotencia, consulte nuestro libro anterior, *Réveillez vos ressources intérieures*, Albin Michel, 2009 (pp. 81-894).

SEGUNDA PARTE

El miedo

y sus trances

"Presos del miedo, entramos en estados de trance que desdibujan la realidad. Nos proyectamos a otro lugar, en un espacio y un tiempo distintos. Estos trances* «Presos del miedo» entramos en estados de trance que desdibujan la realidad. Nos proyectamos a otro lugar, en un espacio y tiempo distintos. Estos trances."

DÍA 4
Vivir en el futuro

1
2
3
DÍA 4
5
6
7
8
9
10
11
12
13
14
15
16
17
18
19
20
21

Vencer el estrés

«Dentro de veinte años, lamentarás más las cosas
que no hiciste que las que hiciste.
Así que suelta amarras y abandona el puerto seguro.
Atrapa los vientos en tus velas. Explora. Sueña. Descubre».

Mark Twain

El estrés

Se dice que el estrés es la enfermedad del siglo XXI. Es indicativo de un miedo subyacente* y continuado y, por sí solo, da lugar a toda una serie de males, como irritabilidad, nerviosismo, ansiedad o crisis de angustia. Según Hans Selye, pionero de la investigación sobre el estrés, todos estos síntomas componen lo que denominó síndrome general de adaptación ante una amenaza, sea de la naturaleza que sea.

Los factores de estrés son cada vez más numerosos, y el estrés está tan presente que, en ocasiones, llega a convertirse en un medio de valoración ante uno mismo y ante los demás. Estar sobrecargado de trabajo, planificar la vida hasta el más mínimo detalle y correr de un lado a otro se han convertido en señales de rendimiento y éxito. ¡Una vida plena bien vale algún sacrificio! Hay personas para quienes el estrés y sus corolarios, desde la irritabilidad hasta el agotamiento, son un precio justo. Las vacaciones se han convertido en una válvula de escape que esperamos con impaciencia... Y qué sorpresa cuando nos damos cuenta de que la gestión del ocio y del tiempo de descanso sigue esta misma ley frenética. Hay que prever y controlarlo todo, correr, no perderse nada, tener éxito a cualquier precio... El círculo vicioso se cierra.

Para cuando el cuerpo, estresado y agotado, nos llama al orden, las conductas nocivas están consolidadas. La vitalidad desaparece.

La vivencia: calidad de vida

Los factores de estrés más habituales son externos y aparecen tanto en la vida profesional como en la personal. Tienen que ver con la calidad del entorno, las relaciones personales y la organización de las distintas tareas. Cuanto mayor sea la calidad de vida, menor será el nivel de estrés. Tendemos a compensar la reducción de la calidad de vida con el exceso de actividad, porque no sabemos cómo afrontar la sensación de insatisfacción vital. Por lo tanto, no emprendemos los procesos de transformación que necesitaríamos para recuperar un equilibrio revitalizador.

El estrés debilita la vivencia,* es decir, el desarrollo de la vitalidad interior. Nos sucede lo siguiente:

La percepción que tengo de mí mismo La vida que vivo El lugar que ocupo La relación que mantengo	} ya no alimentan mi vitalidad ni mis recursos creadores.

El estrés hace que la persona se cuestione la calidad de su sistema interno y de los sistemas en los que vive. Todos formamos parte de distintos sistemas: la familia de origen, la familia que formamos, la categoría socioprofesional, el entorno profesional, la sociedad, etc. ¿Estos sistemas proporcionan apoyo, nutren y valoran? Si no lo hacen lo suficiente, el estrés nos lo hace notar y nos invita a hacer cambios. Si bien es cierto que una persona no puede cambiar todo un sistema, sí que puede modificar cómo lo percibe y cómo se posiciona en su interior.

Todos podemos superar el estrés, siempre que abordemos el factor fundamental: el paso del tiempo. ¿Es consciente de que tiene miedo del paso del tiempo? ¿Es consciente de los muros de su prisión temporal?

Prisionero del tiempo

La visión lineal del tiempo determina cómo concebimos la vida. En general, entendemos la existencia como una sucesión de acontecimientos y caemos prisioneros de dos infinitos: el pasado y el futuro. El pasado es un espacio, concluso o inconcluso, que crece con la edad. El futuro siempre está por delante y siempre está por inventar.

Esta experiencia del tiempo es fundamentalmente cultural. Por ejemplo, en China, el tiempo es cíclico. No es neutro. Cada periodo posee energías específicas y atributos que lo hacen más o menos benéfico en relación con los proyectos que hay que concretar. Al contrario de la tradición china, que nos invita a no aferrarnos, la concepción occidental llevada al extremo nos lleva a querer controlar el tiempo.

La vida sigue unos ciclos establecidos. El ejemplo de la horticultura es muy esclarecedor. Si plantamos semillas en invierno, no conseguiremos que crezca nada. Tenemos la opción de, o bien estresarnos porque las verduras no crecen, o bien aceptar que el periodo no es propicio. La vida cotidiana es como la horticultura. Hay un tiempo para cada cosa. Crear cualquier cosa exige un periodo de maduración y paciencia para conseguirlo. Los otoños sabios y los inviernos adormilados de una vida son el alba de primaveras florecientes y de veranos luminosos. Obviar el tiempo necesario para escuchar y respetar los ciclos de la existencia acaba produciendo dolor, porque alimenta la ilusión de que podemos controlar todos los aspectos de la vida.

Un tiempo para el corazón

El estrés es fruto de esta ilusión. Siempre se desencadena ante lo desconocido, lo imprevisible, lo incontrolable o lo que cuestiona lo que conocemos. Son situaciones que nos recuerdan la naturaleza impermanente de la vida. Suelen desestabilizarnos y necesitan un periodo de latencia. La mejor manera de afrontar un acontecimiento estresante es acoger el momento presente. ¿Cómo?

El ejercicio del día: escuche a su corazón

Fase 1. Pare. No actúe. No busque respuestas ni soluciones. Esta fase, por incómoda que resulte, es fundamental para no perderse en un exceso de actividad y generar estrés.

Fase 2. Exteriorice sus emociones. Poner palabras a las emociones y a los sentimientos permite legitimarlas y aceptarlas. Esta fase evita cultivar sentimientos tóxicos como la vergüenza o la culpabilidad.

Fase 3. Preste atención a cómo responde su corazón. El neurofisiólogo francés Alain Berthoz explica que todo proceso de toma de decisiones empieza en las células del miocardio, es decir, en el corazón.[1] Estas células reaccionan antes que las neuronas. En definitiva, todo empieza por un impulso en el corazón. Sin embargo, en nuestro día a día acostumbramos a escuchar a la voz de la mente, en lugar de a la del corazón. Escuchar al corazón exige estar en silencio y presente en uno mismo, y concederse el tiempo necesario para recurrir a los recursos internos personales.

Las frases que encontrará a continuación le resultarán muy conocidas y evidencian estrés. Son proyecciones en el tiempo y nos trasladan a un futuro incierto. Revelan un trance, un estado hipnótico que nos impide permanecer en el momento presente para escuchar a nuestro corazón, el centro de nuestro ser.

No soy capaz de...

No tendré tiempo

No lo conseguiré

No sé qué pasará

Escapar de la frustración

«La vida es lo que sucede mientras estamos ocupados haciendo otra cosa».

John Lennon

La futurización

Compruebe una realidad muy simple: su cuerpo vive en el presente mientras que su mente vagabundea hacia el futuro. En este momento, quizás se pregunte de qué tratará el próximo capítulo. Invierte tiempo en leer este libro, pero su mente ya está pensando en las mil y una cosas que debe hacer después. Vivir en el momento presente no es fácil, sencillamente porque es normal que la mente vague de aquí a allá, hacia el pasado, hacia el futuro... Decenas de pensamientos se yuxtaponen.

La futurización* es la evasión de la mente hacia el futuro. Este funcionamiento natural se transforma en trance cuando se convierte en algo sistemático. El psicólogo estadounidense Stephen Wolinsky nos recuerda que: «El trance es el pegamento principal que mantiene unida la estructura de los problemas».[2] Un trance es un estado hipnótico, como si fuéramos sonámbulos y hubiéramos adquirido una autonomía propia con reacciones automáticas. Sin darnos cuenta, somos adultos prisioneros de otro tiempo y otro espacio.

Charles, un directivo dinámico de cuarenta y dos años de edad, lo sufrió en sus carnes: «Estaba tan desbordado de trabajo que me dejé invadir poco a poco. Tenía el ordenador y el teléfono encendidos en todo momento, incluso aunque tuviera que acabar un proyecto importante. Me parecía vital hacer lo máximo en el mínimo tiempo posible». Este comentario describe la normalidad para gran parte de quienes integran el mundo profesional. Muchos trabajadores sienten la presión y el peso a sus espaldas. Hacer siempre más en un tiempo cada vez más reducido.

Charles seguía trabajando al llegar a casa, a veces hasta bien entrada la noche. Después de varios meses de estrés, cayó víctima del síndrome del quemado, o de agotamiento profesional. Padecía unos dolores de cabeza insoportables, estaba deprimido... Se sentía invadido por una tristeza incomprensible y había perdido la confianza en sí mismo.

Las fechas límite

Charles se programaba el trabajo a base de fechas límite para acabar los proyectos. Poco a poco, estos límites se volvieron omnipresentes y ansiógenos. «Tenía fechas límite para todo, tanto en mi vida profesional como en la escasa vida personal que me quedaba». En inglés, la fecha límite se conoce *deadline* y, efectivamente, Charles entendía que «si superas el tiempo establecido, estás acabado, estas muerto». Vivía bajo esta amenaza, bajo una espada de Damocles que pendía sobre su cabeza

Charles tuvo que dejar de trabajar y empezó a hacerse preguntas sobre el origen de su malestar. Su infancia se había visto muy marcada por un padre frío y distante. Recordó el niño que había sido, un niño adaptado* a las exigencias de su padre, con la vana esperanza de verse reconocido y alentado. Charles pensaba que ya había hecho el duelo de su pasado, pero, en realidad, había desplazado al trabajo todas las expectativas que había tenido con relación a su padre.

La falta de reconocimiento

La futurización es un trance del deseo. Es legítimo tener anhelos y expectativas de futuro, siempre que no creamos que nuestra felicidad depende de ello. Si no, estamos abocados a la decepción y a la tristeza.

Una de las necesidades básicas del niño es que le reconozcan por quien es, una persona completa y única. En las relaciones con sus padres y luego con otros educadores (maestros, profesores...), Charles no siempre obtuvo ese reconocimiento. ¿Quién puede afirmar «Me han aceptado por lo que era interiormente, con mis anhelos, mis necesidades, mis emociones y mis pensamientos»? Esta falta de reconocimiento es muy dolorosa para el niño que, para protegerse del sufrimiento, debe adaptarse y crear un caparazón que no solo le protegerá de sentir el sufrimiento, sino que también funcionará como un sistema activo para obtener lo que le ha faltado. Las necesidades no reconocidas se transforman en frustraciones.

El deseo de reconocimiento es uno de los más generalizados. Responde a una frustración incrustada en lo más profundo de uno mismo. Una madre empujará a su hija a presentarse a todos los concursos de belleza para aplacar el sufrimiento de no haber sido reconocida por su propia madre. Un hombre, rechazado por su padre en el pasado, disimulará su dolor infantil demostrándole a su jefe que es eficaz y eficiente.

Sin embargo, el deseo de reconocimiento jamás se verá satisfecho si no reconocemos ni escuchamos la verdadera necesidad de reconocimiento (véase día 17, p. 151). ¿Por qué? Porque, de otro modo, continuaremos viviendo en la frustración.

La naturaleza de la frustración

La frustración es un pozo sin fondo. No hay nada ni nadie que pueda llenarlo. Nos enfrenta a una sensación de vacío que puede llegar a resultar insoportable. Y despierta la necesidad irrefrenable de llenarlo.

La necesidad de reconocimiento y la frustración son dos cosas absolutamente distintas. La necesidad de reconocimiento es legítima. Es lo que nos permite situarnos en el seno de un grupo.

Soy visto, conocido y reconocido.

Ocupo un espacio propio en el grupo.

Este reconocimiento tiene que ver con la necesidad de pertenencia. Todas las necesidades requieren mantener una relación positiva con uno mismo y asumir la responsabilidad personal. Debemos aprender a satisfacerlas.

Por el contrario, la frustración solo aparece cuando no recibimos el amor y la aprobación suficientes por parte de la persona más importante para nosotros, es decir, de nosotros mismos. La frustración nos lleva invariablemente a proyectar nuestros anhelos al exterior, sobre los demás. La frustración no engendra relaciones sanas, sino el primer miedo de adaptación: el miedo a lo desconocido.

Primer miedo de adaptación: el miedo a lo desconocido

La futurización oculta una pregunta secreta: «¿Obtendré lo que deseo y dejaré de sentir frustración?». La respuesta es un «no» rotundo. Si negamos esta verdad, el futuro se vuelve estresante. El estrés es la punta visible de un iceberg cuya parte sumergida es el miedo a lo desconocido. No aceptamos la incertidumbre inherente al futuro y, para tener menos miedo, llenamos lo desconocido con lo conocido. ¿Cómo? Idealizando o degradando el futuro. Cuando magnificamos el futuro, proyectamos respuestas ilusorias, o fantasiosas, a las heridas del pasado. Cuando tememos que las experiencias dolorosas se repitan, oscurecemos el futuro.

Un hombre sueña con encontrar una mujer amorosa que le cure, un alma gemela que repare la pobre imagen que tiene de sí mismo y borre las humillaciones que sufrió en la escuela. Teme no encontrarla jamás o equivocarse en su elección.

Una mujer cree que todos los hombres son egoístas, como su padre fue con su madre. Teme enamorarse de hombres que se parezcan a su padre y, para ser una «hija modélica», sigue fiel a las enseñanzas de su madre.

En realidad, lo que imaginamos da mucho más miedo que lo desconocido. Tanto la idealización como la degradación se basan en creencias infantiles y en funcionamientos del pasado.

El trance se caracteriza por la distorsión cognitiva, es decir, por pensamientos erróneos que distorsionan la percepción de la realidad y del momento presente. Estas distorsiones son fantasmas. Aunque podemos intentar corregir nuestras creencias, no basta con ello. Si el trance es el pegamento principal que mantiene unida la estructura de los problemas, el miedo es el *superglue* que protege el trance. La única manera de salir definitivamente del trance* hipnótico que desdibuja la visión de la vida es afrontar el miedo. El miedo es una emoción básica que modifica la percepción y la comprensión.

El miedo a lo desconocido oculta el temor a no obtener lo que nos faltó de niños. Proyectamos en el futuro situaciones cargadas de anhelos de reparación y de miedos antiguos. Son pocas las personas que aceptan verdaderamente lo desconocido, lo imprevisible y lo incontrolable. No soportan no saber qué les espera. No deberíamos temer a lo desconocido. Es fuente de sabiduría.

Si superamos el miedo a lo desconocido, nos desvinculamos de anhelos concretos y aceptamos de forma natural cuestionar creencias específicas. Somos más auténticos.

El ejercicio del día: explore sus anhelos

Fase 1. ¿Qué futuro anhela en los ámbitos siguientes? Responda con frases elaboradas.

- En el amor, deseo...
- En el trabajo, deseo...
- En la amistad, deseo...
- Con mis padres, deseo...
- Con mis hijos, deseo...
- Con mi pareja, deseo...

Fase 2. Ahora, analice sus respuestas y qué sobrentienden. ¿Detecta alguno de los fenómenos siguientes?

- Compensación. Espera recibir algo para satisfacer una frustración o dejar de sentir un vacío.
- Fantasmas. Imagina una situación improbable o un acontecimiento milagroso que transformará su vida milagrosamente. Rumia situaciones extravagantes.
- Catastrofismo. Ve el vaso medio vacío. Imagina lo peor.
- Justificación. Tiende a explicar o a justificar sus acciones, sus emociones y sus pensamientos.

- Ausencia de responsabilidad personal. Cree que los demás se portan mal con usted. Tiende a creer que los demás están en deuda con usted.

Si ha reconocido alguno de sus funcionamientos, es normal. Como le sucede a la mayoría, el adulto en usted está hipnotizado. El miedo y su trance de futurización actúan a escondidas. Confíe. La conciencia lleva al cambio. Cuando esté dispuesto a sustituir las ilusiones por la realidad y los anhelos por hechos, dejará de vivir bajo el yugo del miedo.

1. Son los resultados de un experimento estadounidense que Alain Berthoz describe en su libro *La Décision*, Odile Jacob, 2003.
2. Wolinsky, Stephen, *Ni ange ni démon - Le double visage de l'enfant intérieur*, Le Jour Éditeur, 1999 (p. 32). Wolinsky, fundador de la psicología cuántica, estudia desde hace mucho tiempo el fenómeno de los trances. Hemos tomado prestado de su obra el término «futurización.»

DÍA 5
Vivir en el pasado

¿Qué amor teme perder?

«Sin duda, la herida más profunda es no haber sido amado por lo que uno es; y no puede curarse sin un proceso de duelo».

Alice Miller

La regresión

Reflexione unos instantes sobre otra realidad muy simple. Su cuerpo vive en el presente, mientras que su mente regresa una y otra vez al pasado, para interpretar el presente e inventar el futuro. La emoción es biográfica. El miedo construye los recuerdos y nos hace más o menos sensibles a acontecimientos concretos. Hay miedos que nos protegen del peligro y garantizan nuestra integridad física. Por ejemplo, miramos a derecha e izquierda antes de cruzar una calle. Prestamos atención al cuchillo cuando cortamos verduras. Son pequeños gestos cotidianos que parten de un miedo sano y legítimo y de experiencias pasadas. El miedo puede ayudarnos.

Al contrario de lo que sucede con el miedo sano, la regresión* es un trance incapacitante. Distorsiona el funcionamiento del miedo natural y nos hace creer que revivimos en el presente situaciones que nos hicieron daño en el pasado. La regresión actúa cuando un adulto, hipnotizado por una situación o una persona, se convierte de nuevo en niño, con frecuencia asustado. Muchas personas hacen regresiones sin ser conscientes de ello. ¡Es un trance universal!

Un niño eterno ante sus padres

El adulto en trance regresivo establece vínculos niño/adulto, como en la infancia, en lugar de vínculos adulto/adulto. Hay hombres que creen que han hecho algo malo cuando su pareja los mira de una manera concreta. Hay mujeres que se justifican sin cesar ante los compañeros de trabajo, porque se sienten inferiores a ellos. Otras evitan explicar lo que sienten ante sus amigos, por miedo a ser distinta a ellos. Y otras se entristecen siempre que están en contacto con niños.

Todos los trances se originan en el modelo relacional establecido con los padres, porque este modelo original influye en todas las relaciones y se activa sobre todo en la relación actual con los padres. En nuestra práctica profesional, acompañamos a los pacientes en el proceso de tomar conciencia de que, con frecuencia, permanecen en una infancia eterna ante sus progenitores. Se trata de una toma de conciencia beneficiosa, porque, aunque pueda resultar desagradable, es una oportunidad para crecer, ser más adulto y vivir libre al fin.

Jocelyn, de cuarenta y cinco años, trabaja en un conocido bufete de abogados de París, donde la aprecian mucho por su franqueza al hablar y por su capacidad de análisis. Sus amigos le reconocen las mismas cualidades. Cada Navidad, ella y sus hermanos se reúnen en casa de su madre, para las celebraciones. No hay un año en que no tema esta «reunión familiar obligatoria». Durante una sesión individual con Marie-France, decidió explorar esta aprensión, que disimula de un modo evidente un miedo que aún no había conseguido nombrar:

¿Qué recuerdo tienes de las últimas Navidades?

—Estoy en la cocina, con mi hermano, que me dice que hay que tomar decisiones importantes. Quiere que decidamos quién debe quedarse con la casa cuando mi madre fallezca. Mi madre entra en la cocina y me mira, y dice que está contenta de que sus hijos se lleven bien. Sale de la cocina. Entra mi hermana y empieza a discutir con mi hermano. Ambos afirman que mantener la casa es demasiado costoso para ellos.

—¿Y qué sientes tú?

—Me siento oprimida. No consigo hablar y una vocecilla interior me insta a que permanezca en silencio.

—Pregúntale a esa parte de ti por qué debes callar.

—No lo sé... Creo que es porque soy la hermana pequeña y pienso que mis hermanos saben más que yo.

—Responde sin pensar a la pregunta siguiente: ¿qué edad tienes en esa cocina?

—¡Cinco años! Tengo miedo de hacer enfadar a mamá. Quiere que me porte bien.

—En la situación actual, ¿qué sería «portarte bien»?

—Anunciar que yo me quedaré con la casa cuando mi madre fallezca y que mis hermanos serán bienvenidos.

Para Jocelyne, la discusión sobre la herencia de su madre era prematura. No tenía la menor intención de quedarse con la casa, pero se sentía obligada a obedecer para satisfacer los deseos más o menos expresados de su madre y sus hermanos. Al actualizar su trance, Jocelyne se convirtió en una adulta con más libertad a la hora de tomar decisiones en la esfera familiar.

La regresión* nos impide relacionarnos con las personas en el momento presente. Nos devuelve al pasado..., treinta, cuarenta o cincuenta años atrás, y refleja un apego a un sistema familiar antiguo y esclerótico. Durante el trance, el adulto retoma el o los papeles rígidos de su infancia. El niño adaptado* quiere conservar el equilibrio del sistema familiar, aunque le haga daño. ¿Por qué?

Jocelyne se propuso anunciar su decisión a su madre y a sus hermanos durante los días siguientes. Sin embargo, el miedo se intensificó y acabó por paralizarla. No se sentía capaz de enfrentarse a su madre: tenía miedo a perder su amor.

El segundo miedo de adaptación: el miedo a perder el amor

El adulto hipnotizado por su pasado vuelve a ser un niño adaptado. Depende del otro y del exterior. Quiere recibir lo que le falta para ser feliz. Se vale de múltiples estrategias para obtener consideración, respeto, seguridad... La lista es larga. Y, sin embargo, una sola palabra la resume a la perfección: amor. ¡Todo es cuestión de amor!

Para salir de la regresión,* es crucial que reconozcamos la herida maestra del niño interior, la herida de la falta de amor.[1] Esta herida es universal. Cuando alguna de las necesidades no se atiende y queda insatisfecha, el niño lo vive como una muestra de desaprobación y de falta de amor. Tiene miedo de no merecer o de haber dejado de merecer el amor y los cuidados vitales para él. La herida derivada de la falta de amor se convierte «[...] en la base de una reivindicación profunda por parte de todos los adultos que buscan el amor de sus padres y que, en secreto, esperan que por fin puedan darles lo que tanto les ha faltado».[2] Esta búsqueda también puede redirigirse a sustitutos de las figuras paternas y maternas, como maestros, amigos, jefes, etc. En general, las personas solemos conformarnos con lo que creemos que los demás esperan de nosotros, para obtener lo que tanto nos ha faltado.

Sacar a la luz la identidad ficticia

«Reconocer lo que no somos desvela espontáneamente quiénes somos en realidad. No somos lo que "pensamos" que somos».

Nisargadatta Maharaj

Seguir conformándose a las expectativas de los demás

Gran parte de la personalidad se construye sobre el miedo a la pérdida. Forjamos una máscara con características que consideramos adecuadas y aceptables para los demás y para la sociedad. Nos conformamos a las expectativas y desarrollamos un personaje, para ser aceptados. Todos queremos encontrar un lugar en los grupos a los que deseamos pertenecer. El primero es la familia de origen, donde se forja el sentimiento de pertenencia. Es una necesidad humana básica. El hombre es un ser social y necesita integrarse en un grupo, pertenecer a un sistema e interactuar en el interior de él.

Cada vez que el niño no ve atendidas sus emociones y necesidades, teme perder el vínculo con el otro. Teme no conformarse lo suficiente a lo esperado, lo que engendra el miedo al ridículo.

Tercer miedo de adaptación: el miedo al ridículo

André Gide escribió que «el miedo al ridículo consigue los mayores actos de cobardía». Es un miedo profundamente enraizado e instintivo. El ridículo es tan doloroso que preferimos evitarlo a cualquier precio. Solemos oír que «uno no se muere del ridículo», y, sin embargo, es un asesino certero. El arte de ridiculizar al otro es un arma retórica muy potente. La persona ridiculizada queda empequeñecida. Su confianza se desploma. La psicóloga Frances G. Wickes nos recuerda que «cuando la sensación de competencia personal se debilita, el miedo se hace más fuerte».[3] El ridículo acaba con la sensación de pertenencia. Y el miedo a que la situación se repita nos lleva a mostrarnos más conformes y obedientes.

También es posible sentirse ridículo sin necesidad de que intervengan terceras personas. Jérôme explica que: «Hago improvisación teatral, pero me cuesta mucho dejarme ir y ser divertido. No me sale. Tengo miedo a hacer el ridículo ante los demás. Miedo a que me juzguen. No consigo interpretar, es como si me quedara sin ideas, sin creatividad. Me quedo paralizado. Tengo miedo de hacerlo "mal", de no ser "como hay que ser". El teatro me ha revelado hasta qué punto intento controlar mi imagen. Ahora me doy cuenta de que el miedo al ridículo me ha arruinado la vida».

Nuestra larga experiencia teatral[4] nos ha confirmado que lo único que es ridículo es el miedo a no atreverse. La vida, como el teatro, es un espacio para aprender a atreverse. Atreverse significa aceptar aprender a conocerse a uno mismo. Atreverse es ser uno mismo y aprovechar los beneficios que ello procura.

El adulto hipnotizado por el miedo

Los tres miedos de adaptación: el miedo a lo desconocido, el miedo a perder el amor y el miedo al ridículo corresponden al niño adaptado interior. Activan el trance hipnótico que aparece con frecuencia ante los padres o figuras parentales, y también afectan a las relaciones amorosas. Los celos, el miedo a perder al otro, el miedo a no ser lo bastante bueno... Son distintas facetas de estos tres miedos originales.

Jean, un señor de cincuenta años de edad, sufre desde que se divorció: «Desde que me separé, solo he tenido relaciones decepcionantes. Estoy cansado de buscar. Tengo miedo de que vuelvan a traicionarme. Mi mujer se fue con otro de la noche a la mañana. No me lo esperaba. Fue un *shock*, un verdadero cataclismo en mi vida. Y ahora no consigo librarme de la obsesión de que volverá a sucederme lo mismo». Durante un seminario, le invitamos a ir más allá de su miedo. Y, entonces, apareció otra emoción: la tristeza. Entre lágrimas, nos explicó que no se sentía digno de ser amado. Le cambió la voz. Hablaba como un niño. Jean no parecía ser consciente de que vivía en un trance de futurización (imagina un futuro de traiciones amorosas repetidas) y en un trance regresivo (reaparición de una tristeza y un miedo antiguos). Siguió hablando y compartió con nosotros un recuerdo doloroso: «Cuando tenía cinco años, vi como mi madre abandonaba el domicilio familiar. Nos abandonó a mi padre y a mí. Estaba enamorada de otro hombre y no quería el estorbo de un niño». Ahora, su voz empezó a transmitir ira. Nos explicó cómo el niño pequeño que fue se había ido construyendo en ausencia de su madre: «En la escuela, siempre me hacía el fuerte, siempre fui el líder». Construyó una personalidad que le permitió distanciarse del sufrimiento legítimo y evitar revivir el abandono. Al ser el líder, utilizaba todos los medios posibles para ser apreciado, respetado e incluso temido.

La identidad ficticia

Al igual que Jean, todos vivimos aferrados a una identidad ficticia para disimular el miedo y el sufrimiento pasados. Aparentemente, esta identidad nos da seguridad y nos satisface..., hasta que sucede algo que la resquebraja. Las emociones antiguas y los temores reprimidos suben de nuevo a la superficie. El pasado invade el presente y el futuro. Los trances* de regresión* y futurización* suelen ser simultáneos. Hacen que revivamos el caos que sentimos de niños ante un dolor grande. Y, entonces, todas las partes interiores (o subpersonalidades) se mezclan:

- El adulto, más o menos construido y sólido.
- El niño adaptado, núcleo de la identidad ficticia.
- Y el niño interior* exiliado, guardián de las emociones que no han podido expresarse y que no han sido ni escuchadas ni acompañadas.

El psicoterapeuta estadounidense Stephen Wolinsky explica: «La des-hipnosis devuelve el recuerdo a un segundo plano y trae el momento presente a un primer plano».[5] Jean salió del trance hipnótico cuando aceptó reconocer que gran parte de sus emociones pertenecían a su pasado. Cuando integró la verdad interior (que hasta ese momento era exclusiva del niño exiliado) de que «a los cinco años de edad, me sentí traicionado por mi madre», pudo distinguir el pasado del presente y el futuro. Y esta percepción nueva le permitió vivir otra historia de amor.

El ejercicio del día: salga del trance hipnótico

El verdadero piloto interior, el Yo, no conoce el miedo. No necesita ser reconocido, apreciado o amado por el otro. Este deseo ardiente pertenece a la personalidad infantil y adaptada que toma el mando e hipnotiza al adulto. La regresión es un trance tenaz, pero no inevitable.

Puede devolver el presente al centro de su vida. Cuando el pasado surge, vehicula heridas reprimidas. El adulto es totalmente capaz de reconocer con claridad y lucidez lo que ha herido al niño. El miedo es lo que nos lleva a creer lo contrario.

Fase 1. Enumere los distintos miedos que perturban su presente y oscurecen su futuro. Por ejemplo:

- Miedo a ser traicionado.
- Miedo a perder al otro.
- Miedo a no ser aceptado como soy.

Fase 2. Saque a la luz las heridas que se ocultan detrás de sus miedos con frases como las de los ejemplos siguientes.

- Miedo a ser traicionado: «Cuando tenía... años, me sentí traicionado por... porque...».
- Miedo a perder al otro: «Cuando tenía... años, me sentí abandonado por... porque...»..
- Miedo a no ser aceptado como soy: «Cuando tenía... años, sentí que... no me aceptaba como era, porque...».

Siga estas indicaciones:

- Precise la edad que tenía, para integrar que la situación pertenece al pasado y afecta a su niño interior.
- Utilice expresiones como «(me) sentí...». Esta fórmula le disocia de la conducta del otro y le ayuda a centrarse de nuevo en su emoción.
- Nombre a las personas en cuestión y no caiga ni en la justificación para protegerlas ni en la acusación. No podrá salir del trance y del sufrimiento si no distingue entre lo que le corresponde a usted y lo que le corresponde al otro.
- Tras la fórmula «porque...», mencione la conducta del otro en relación con usted, sin juzgarla ni analizarla.

En el ejemplo de Jean, podría ser: «Me sentí traicionado por mi madre, porque se marchó de casa sin mí».

Fase 3. Cada vez que sienta uno de estos miedos, repita en voz alta la frase que ha creado. Es posible, y natural, que aparezcan otras emociones: disgusto, ira, tristeza... Acéptelas sin juzgarlas ni juzgarse. Este ejercicio es una etapa más hacia la liberación.

1. Hablamos con mayor profundidad de las heridas maestras del niño interior en nuestra obra *Réveillez vos ressources intérieures*, Albin Michel, 2009 (pp. 21-68).
2. Véase nuestra obra *Réveillez vos ressources intérieures*, *op. cit.* (p. 35).
3. Francesc G. Wickes, *Le Monde intérieur de l'enfance*, Éditions du Dauphin, 1993 (p. 193).
4. Marie-France fue cómica profesional, directora de escena y profesora de teatro durante veinticinco años. Emmanuel fue formador de improvisación teatral durante doce años.
5. Wolinsky, Stephen, *op.cit.* (p. 45).

DÍA 6
Las voces del miedo

El ser humano es múltiple

«La persona es una multiplicidad interior inacabada y llamada a unificarse. Dios solo bosqueja al hombre. Cada uno se crea en la Tierra».

Proverbio africano

El sentido del Yo

Todos nos definimos a nosotros mismos, ya sea de forma consciente o inconsciente. Utilizamos el *Yo* para hablar de nosotros, para expresar lo que hay en nuestro interior y posicionarnos frente al otro. Cada vez, el *Yo* dibuja el contorno de una imagen de la personalidad. Naturalmente, todos nos identificamos con nuestro *Yo* y lo enriquecemos o lo modificamos a medida que acumulamos experiencias.

El *Yo* expresa emociones y sentimientos: [yo] estoy triste, tengo miedo, te quiero… Manifiesta necesidades: [yo] necesito seguridad, respeto, armonía… Determina nuestras cualidades y puntos débiles: [yo] soy curioso, torpe… Exterioriza nuestro estado interno: [yo] estoy cansado, sereno… Afirma preferencias: me gusta el deporte, no me gusta el queso… El *Yo*, bajo todas sus formas, viste y alimenta a la sensación de identidad, es decir, la sensación de existir para y por uno mismo.

Sin el *Yo*, la persona no puede construirse y apoyarse en su identidad para realizarse. Al mismo tiempo, el *Yo* puede resultar limitante. Instaura límites que ponen trabas y paralizan. Véronique, de treinta años de edad, tiene una hermana mayor con discapacidad mental y cree que es como ella. Repite con frecuencia: «No soy normal». Obviamente, no es así, pero se aferra a esta etiqueta para no cuestionar la educación de sus padres que, con un afán de igualdad, no reconocían las diferencias entre las hermanas. Reprime su culpabilidad por no ser como su hermana, por ser «normal». Toda su vida ha escuchado que: «Tu hermana y tú sois iguales». Una parte de ella ha asimilado este mensaje y se ha convencido de que tiene limitaciones intelectuales.

Los límites del *Yo*

El *Yo* que se expresa no siempre se corresponde con la identidad real. Bajo el yugo de los trances, el *Yo* se asocia a emociones y a sentimientos del pasado que no son más que los hábitos de una personalidad ficticia construida para huir de la verdad interior.

Se trata de una imagen antigua, pero parece real e incuestionable. Se agarra a la piel, como un traje. Es fruto de una adaptación ante las restricciones familiares, sociales y culturales, y aleja al *Yo* de la identidad verdadera y del piloto interior. Pero, ¿qué interés podemos tener en identificarnos con una personalidad falsa? Aparentemente, esta personalidad ficticia nos ofrece seguridad y nos permite escapar del dolor.

Véronique no consigue escapar de su ilusión. Sentirse inferior intelectualmente resulta, hasta cierto punto, cómodo. Esa identidad falsa* la ayuda a no asumir responsabilidades. También justifica sus dificultades para hacerse cargo de su vida. Y como no cuestiona la educación rígida y dolorosa de su infancia, mantiene el equilibrio esclerótico de su sistema familiar. Esta comodidad aparente ahoga su vivencia* y la aleja de infinidad de posibilidades. El ejemplo de Véronique nos recuerda que, a largo plazo, identificarse con una personalidad ficticia da lugar a un sufrimiento mucho peor que el que uno intenta ocultar.

El *Yo* oculta con frecuencia una identificación con el niño adaptado. El *Yo* proporciona una apariencia de unidad psíquica y parece abarcar a la persona en su conjunto. Esta ilusión de existir como un ser monolítico deja en la sombra todas las facetas que habitan su paisaje interior.

De la unicidad a la multiplicidad

Creer que somos solo uno es una ilusión.

Creer que somos solo uno es una autodefinición limitada.

Creer que somos solo uno suele dar lugar a una personalidad ficticia.

Creer que somos solo uno nos impide dejar de identificarnos con el miedo.

Explorar la multiplicidad de la identidad no es natural.

Explorar la multiplicidad de la identidad es incómodo.

Explorar la multiplicidad de la identidad es una oportunidad para descubrir qué parte de nosotros tiene miedo.

Explorar la multiplicidad de la identidad significa reconocer las voces múltiples que rigen nuestro sistema interior.

Explorar la multiplicidad de la identidad lleva a la unificación.

El éxito consiste en lograr vivir la multiplicidad dentro de la unicidad.

Explorar el sistema interior

«Nadie ha tenido jamás una experiencia simple en su interior: la conciencia es una multiplicidad bulliciosa de objetos y de relaciones».

William James

La organización de un sistema

En todo sistema, hay una organización más o menos funcional. La mayoría de las empresas tienen organigramas que explican la jerarquía interna. Del mismo modo, todas las familias se inscriben en una organización jerárquica con forma de árbol genealógico. Y lo mismo sucede con el sistema psicológico.

Cuando el sistema es funcional (armonioso, constructivo y evolutivo), reconoce las competencias y las necesidades de todos los miembros. Y todos son responsables e influyen positivamente en los demás. Cuando el sistema es disfuncional (represivo, conflictivo y regresivo), los miembros sufren presiones que pueden llegar a ser muy pesadas. Los roles son rígidos y mantienen un equilibrio esclerótico. Reinan la oposición y la competición. El miedo es omnipresente. Los sistemas disfuncionales no apoyan a los individuos en su creatividad y en la expresión y el desarrollo de sus cualidades. Bloquean la realización del Yo. La mayoría de los sistemas humanos son más o menos disfuncionales. Las disfunciones nacen de la familia, se desarrollan en la escuela y florecen en el mundo profesional.

Por lo tanto, es natural que el sistema psicológico presente un modelo inicial que no favorece ni la armonía ni la realización del yo.

Un modelo de sistema psicológico disfuncional

La disfunción psicológica es resultado del exilio del Yo verdadero. El niño interior exiliado representa la verdad interior, es decir, las sensaciones, emociones, necesidades y poderes creativos del niño, que no han sido autorizados, escuchados ni acompañados. El sufrimiento natural y las heridas legítimas del niño interior quedan enterrados. Lo que envenena la vida del adulto es la represión y la negación, no las heridas de la infancia.

El niño adaptado* es la consecuencia lógica del largo túnel del olvido. Al adaptarse, el niño opta por un funcionamiento cuyo objetivo es distanciarse del sufrimiento, y se conforma con las exigencias reales (explícitas o implícitas) de sus padres, pero también con las imaginarias. Las vive como instrucciones y como órdenes que garantizan su conformidad a las normas de la familia. El niño adaptado en el interior del adulto quiere obtener lo que no ha conseguido hasta ahora. Para ello, puede perderse en la victimización o en la reivindicación. Estas estrategias contaminan las relaciones con toda una serie de deseos y de exigencias injustificadas con relación al otro.

A veces, el niño interior consigue hacerse oír y expresa una herida, con frecuencia a través del cuerpo; y, así, el precario equilibrio conseguido corre peligro de romperse. Una parte del yo, a la que llamaremos bombero, acude para apagar el incendio del intenso sufrimiento que amenaza con resurgir. La función del bombero interior consiste en acallar las emociones intensas asociadas a las heridas del pasado. El bombero toma «el control total sobre la persona, de modo que ya no siente más que la necesidad urgente de lanzarse a una actividad que la calme o le permita disociarse».[1] El bombero crea conductas compulsivas (abuso de alimentación, sexo, alcohol, etc.) o dependencias (bulimia, alcoholismo, tabaquismo, etc.).

Otra parte del yo, el mánager, asume distintas funciones que le permiten mantener la personalidad ilusoria y reprimir la verdad del niño interior. Podemos encontrarle bajo distintas formas: controlador, castigador, juez, pesimista, inquieto... El mánager encierra a la persona en roles rígidos.

El niño adaptado, el bombero y el mánager utilizan los cerrojos para garantizar el equilibrio y mantener al niño interior encerrado en su prisión. Cada vez que actúan, el adulto entra en trance. Hipnotizado, obedece a los miedos de adaptación. Ya no hay piloto interior. Ha renunciado el poder, que ahora está en manos de una de las subpersonalidades.

Todas las partes están bajo la influencia del padre o del líder autoritario, que da las órdenes: qué debo sentir, qué debo pensar y cómo debo actuar para conformarme con lo esperado.

Aclarar las distintas partes del sistema disfuncional es fundamental a la hora de salir de los trances y de des-identificarse de la personalidad ficticia que ofrece una sensación falsa de seguridad; una seguridad que, con mucha frecuencia, rima con conformidad.

El esquema siguiente presenta un modelo de sistema psicológico disfuncional.[2] Esta representación metafórica muestra la organización de los estados del yo esenciales, así como sus vínculos con los miedos-cerrojo y los miedos de adaptación. Este esquema le permitirá identificar mejor las subpersonalidades, identificar sus voces y reconocer sus motivaciones.

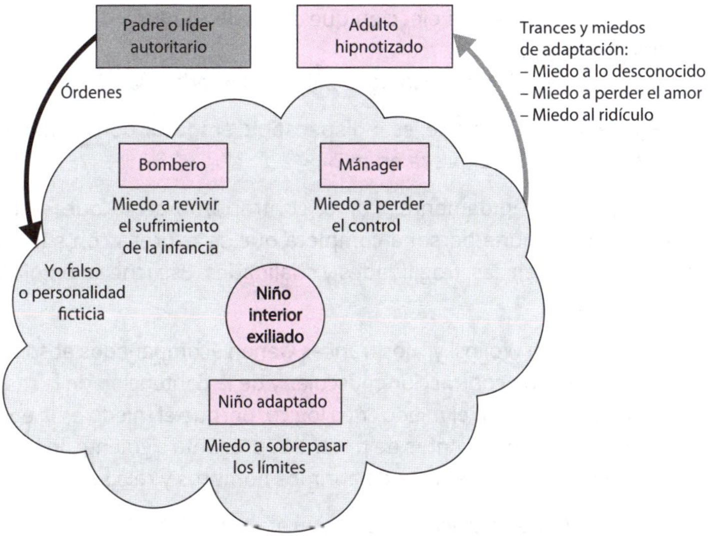

El ejercicio del día: cuestiónese a sí mismo para liberarse

Cuestionarse a uno mismo con regularidad y perspicacia facilita la elección consciente de ser uno mismo. Solo la valentía de ser uno mismo[3] conduce a más vivencia* y más felicidad.

Está acostumbrado a dar por sentado que todas sus decisiones emanan de usted, de la persona que es. Reflexiona y evalúa las mejores posibilidades antes de pasar a la acción y, a veces, también actúa espontáneamente bajo el impulso del momento. Por lo general, cuando comete algún error, intenta aprender la lección. Sin embargo, hay una creencia que no cuestiona demasiado: «cuando manifiesto algo, soy yo quien habla, decide y elige». Aunque es una certeza aparentemente cómoda, en realidad le mantiene en un trance.

A continuación, encontrará un ejercicio que le será muy útil en situaciones como las que siguen:

- Miedo a pasar a la acción.
- Dificultades para tomar decisiones.
- Ha tomado una decisión que le parece poco adulta.
- Conflicto interno ante una elección que se ha de tomar.
- Cree que ha cometido un error.
- Ha tomado una decisión preso de la cólera, el miedo o la tristeza.

Fase 1. Para salir de un trance, es indispensable empezar por formularse la pregunta: «¿Quién se expresa en mí?».

No responda «yo» rápidamente. Por el contrario, imagine que es una parte de su interior, una persona completa que se expresa con sus propias emociones, creencias, fragilidades y cualidades. Escuche su opinión y sus argumentos.

Fase 2. Para Stephen Wolinsky, «los trances vienen acompañados absolutamente siempre de una contracción muscular y de la contención de la respiración»,[4] como sucede con el miedo. Y es lógico, porque el miedo es la energía principal en los trances. Antes de pasar a la pregunta siguiente, inspire y espire profundamente. Asegúrese de abrir los hombros y relajarlos.

Segunda pregunta de liberación: «¿Estoy profundamente de acuerdo con esta faceta que se expresa en mí?».

No escuche la respuesta que sonará en su mente. Es muy probable que oiga una voz que dice «sí» y otra que dice «no». Y así no avanzará mucho. La respuesta que busca no es verbal, sino corporal. Emana del corazón. Si respira mejor y siente que su caja torácica se abre, la respuesta es de expansión y de impulso vital. Si, por el contrario, nota que se cierra (hombros inclinados hacia delante, y la respiración es, de nuevo, superficial), la repuesta es de retracción y miedo.

Fase 3. Ahora, pasaremos a la acción no dual. Escuchar respuestas negativas y positivas mientras actúa le hace perder mucho tiempo. No hay una «buena elección», como tampoco hay una «mala elección». Son reflejos de su nivel de conciencia. La acción no dual se aleja del pensamiento binario, para escuchar la única brújula eficaz, la del corazón, la de la identidad.

Última pregunta de liberación: «Ante la decisión que debo tomar, ¿estoy abierto, vivo, creativo y sereno?».

Seguir a su corazón no acallará todas sus dudas, inseguridades y miedos, pero los mantendrá a distancia. Escuchar a su piloto interior le transportará a otro espacio, más amplio y libre, en el que ya no estará asociado a quien cree ser, a sus partes adaptadas y limitadas.

1. Schwarz, Richard C., *op. cit.* (p. 62).
2. Este modelo sintetiza nuestra experiencia y nuestra obra sobre el niño interior. Los estados del yo a los que llamamos «bombero» y «mánager» proceden del modelo de sistema familiar interior de Richard C. Schwarz, explicado en su obra *Système familial intérieur: blessures et guerisson – Un nouveau modèle de psychothérapie*, Elsevier Masson, 2009.
3. *Le courage d'être soi* es el título de una obra excelente de Jacques Salomé, en Éditions du Relié, 1999.
4. Wolinsky, Stephen, *op. cit.* (p. 56).

TERCERA PARTE

Los miedos infantiles

"Vuelva a conectar con sus miedos infantiles. Es una etapa fundamental en el proceso de curación, porque le permitirá movilizar totalmente sus capacidades curativas de imaginación y simbolización. Descubrirá que los monstruos de su infancia son ahora los guardianes de su verdad interior."

DÍA 7
El niño y el miedo

¿Qué revela el miedo infantil?

«Todas las grandes personas empezaron siendo niños.
Sin embargo, pocas se acuerdan de ello».

Antoine de Saint-Exupéry

El miedo infantil

En 1917, Freud publicó su *Introducción al psicoanálisis*, en el que explicaba una historia emocionante. Hay un niño pequeño asustado. Está solo en una habitación oscura y no consigue conciliar el sueño. Llama a su tía, que está en la habitación contigua:

—Tía, háblame, tengo miedo.

Ella le pregunta:

—¿Y de qué te servirá, si no me ves?

A lo que el niño responde:

—Cuando alguien habla, hay más luz.

El miedo contribuye al desarrollo del niño, y esta respuesta subraya la importancia de su mundo interpersonal. Todas sus emociones crean un cordón afectivo con sus padres, primero, y con los demás, después. Un apego sano con otro es fruto de numerosas interacciones conductuales, emocionales e imaginarias.

El niño necesita ser reconocido como una persona completa. Espera que sus adultos de referencia, normalmente los padres, participen en su mundo para acompañarle en su crecimiento. Para un niño, no hay nada peor que escuchar que su miedo es ridículo, que debe crecer y dejar de ser un crío. La función principal del miedo infantil es forjar un vínculo.

El lenguaje simbólico

El adulto olvida que el niño se mueve como pez en el agua en el lenguaje simbólico. Su imaginación está poblada de monstruos, dragones, animales feroces, lobos, ladrones fantasmas y brujas. Estas imágenes míticas nutren su primer lenguaje. Las incorpora, las utiliza, las modifica y las elabora *ad infinitum*.

Para el niño, el miedo es el hermano gemelo de la imaginación. Cada vez que tiene miedo, su imaginación genera imágenes que le dan cuerpo: intenta dominarlo. Los miedos infantiles son naturales y acompañan a múltiples adquisiciones hacia la autonomía.

Françoise Dolto afirmaba que: «Es imposible mentir al inconsciente. Siempre sabe la verdad». El lenguaje simbólico refleja el inconsciente. El niño intuye la verdad de sus orígenes y su historia familiar. El cerebro empático percibe, desde la infancia, la diferencia entre lo que los padres dicen y lo que sienten en realidad. Por eso, Françoise Dolto invitaba a los padres a desarrollar un «habla sincera» con sus hijos. Escuchar al niño y comunicarse con él acerca de sus miedos es vital.

Muchos miedos infantiles aparecen porque el niño no ha podido explorar aprensiones naturales (miedo al agua, miedo a los desconocidos, miedo al sótano...) y no ha tenido un educador afectuoso que le acompañe en un aprendizaje progresivo. Cuando los miedos permanecen ocultos y en la sombra, o bien generan angustias en el adulto, o bien acaban cristalizando en forma de fobias.

La búsqueda de sentido es crucial para el ser humano. Los cuentos y los mitos se alimentan de símbolos. El niño es especialmente sensible a estas imágenes arcaicas que habitan el inconsciente colectivo, la memoria ancestral de toda la humanidad. Estas representaciones ayudan al niño a integrar algunas verdades difíciles. El lobo ocupa un lugar de honor entre esos símbolos.

El miedo al lobo

El lobo es una imagen arquetípica, es decir, integrada en el inconsciente colectivo. Desde inicios de la Edad Media, el lobo ha encarnado la crueldad y los instintos sanguinarios. La Iglesia llegó incluso a asociarlo al mal y al diablo. Los cuentos infantiles, como *Los tres cerditos* o *El lobo y los siete cabritos* perpetúan la leyenda del gran lobo malvado.

Lo mismo sucede con *Caperucita Roja*, de los hermanos Grimm. Esta historia revela la segunda función de los miedos infantiles: esclarecer la naturaleza de los deseos y de las pulsiones humanas.

«Había una vez, una niña muy bonita. Todos la querían con solo verla y, sobre todo, su abuela, que ya no sabía qué hacer por ella ni qué regalarle. Un día, le regaló una caperuza de terciopelo rojo y a la niña le gustó tanto, tanto y le quedaba tan bien, que ya no quiso ponerse otra cosa y todos empezaron a llamarla Caperucita Roja».

El rojo simboliza el impulso vital y creativo, la vivencia* como una semilla de vida sembrada por los padres y de la que ambos son responsables. El cuento revela la influencia que los mayores pueden tener sobre sus descendientes. Aquí, la abuela usurpa el lugar de la madre, que acepta la situación.

«Un día, su madre le dijo: "Caperucita, ven. Aquí tienes una cesta con un poco de pastel y una botella de vino:[1] llévasela a la abuelita, está enferma y débil, así que le irá muy bien. Ve ya, antes de que haga demasiado calor. Y ten mucho cuidado por el camino, no te despistes y no te caigas, no sea que la botella de la abuela se rompa y ella se quede sin nada. Y acuérdate de saludar al entrar y no curiosees por la casa".

"Me portaré bien y haré todo lo que me has dicho", prometió Caperucita a su madre antes de despedirse y salir hacia casa de la abuelita [...]».

La niña, a quien solo conocemos por la capa que le regala su abuela, debe adaptarse a los deseos de su madre, que le impone una misión que debe pagar con su libertad, sus impulsos naturales y su vida. Sacrifica a su hija.

Mientras tanto, el lobo averigua dónde vive la abuela, la devora y ocupa su lugar.

—"¡Buenos días, abuelita!

Como nadie respondió, se acercó a la cama y abrió el dosel. La abuela estaba acostada, con una cofia que le ocultaba casi toda la cara y actuaba de un modo muy raro.

—"¡Abuelita, qué orejas más grandes tienes!

—Son para oírte mejor.

—¡Abuelita, qué ojos más grandes tienes!

—Son para verte mejor —respondió la abuela.

—¡Abuelita, qué manos tan grandes tienes!

— Son para abrazarte mejor.

—¡Abuelita, qué boca más grande tienes! ¡Y qué dientes más grandes tienen!

—¡Son para comerte mejor! —dijo el lobo, que saltó de la cama y se comió a la pobre Caperucita de un solo bocado.

El lobo representa el deseo voraz de la abuela hacia la nieta. El cuento alerta a los niños sobre las intenciones de los adultos, que no siempre están al servicio de su desarrollo y de su crecimiento. El niño sabe intuitivamente que sus padres o sus abuelos pueden convertirse en lobos o en monstruos devoradores. El niño está advertido. El peligro existe. Devorar al niño significa acabar con su infancia.

Al final del cuento, un cazador mata al lobo, le abre la barriga y libera a Caperucita Roja y a la abuelita. El cazador salva a la niña de los deseos y de las expectativas injustas de sus mayores. El niño puede recuperar su impulso vital y creativo y ponerlo a su propio servicio.

Crecer con el miedo

«Crecer no consiste en enriquecerse con cosas nuevas, sino en descubrir lo que ya existe en el interior».

Alexandre Jollien

El miedo y el aprendizaje

El apego a los padres enfrenta al niño a los deseos y a las pulsiones del adulto. La mirada del adulto sobre el niño no siempre es sana. Puede ser falsa y pervertida. Los miedos infantiles están ahí para iluminar y revelar los peligros invisibles que acechan el vínculo padres-hijo. El niño, dedicado por completo a sus padres, los idolatra hasta los cuatro años de edad. Un niño pequeño no puede cuestionar a sus padres. Siente un apego incondicional hacia ellos.

El niño necesita estar seguro de la naturaleza nutritiva del vínculo con los padres, pero, al mismo tiempo, su inconsciente le alerta. Los miedos infantiles cuestionan la relación padre-hijo y reflejan la adquisición de autonomía.

En todos los niños surge una plétora de capacidades. La pedagoga Maria Montessori fue la primera en reconocer la capacidad de absorción de la mente infantil, que registra información automáticamente, sin esfuerzo y a gran velocidad a nivel subconsciente. El niño es como una esponja. Absorbe su entorno, multitud de impresiones, de sensaciones y de emociones que quedarán grabadas.

Los miedos infantiles son los géiseres de esta intensa actividad psíquica. El niño aprende gracias a sus miedos, y por eso le gustan tanto los sustos. Los miedos infantiles enseñan que la emoción del miedo no es una disfunción. Sin embargo, llega a ser disfuncional si el niño carece de la atención y del espacio necesarios para enfrentarse a él.

Los miedos infantiles tienen un poder que la razón del adulto desconoce. Son fuerzas vivas instintivas, un caballo que el niño monta y doma.

A cada edad, su miedo

Los miedos infantiles evolucionan con la edad y el entorno. ¿Recuerda los miedos que sintió a lo largo de su infancia?[2]

0-6 meses	Miedo a caer, ruidos fuertes.
7-12 meses	Rostros desconocidos, objetos que aparecen bruscamente en el campo de visión.
1 año	Separarse de los padres, baños, heridas, rostros desconocidos.
2 años	Ruidos fuertes, animales (perros grandes), oscuridad, separarse de los padres, cambios en el entorno inmediato.
3 años	Máscaras, oscuridad, animales, separarse de los padres.
4 años	Separarse de los padres, animales, oscuridad, ruidos nocturnos.
5 años	Animales, gente mala, oscuridad, separarse de los padres, hacerse daño.
6 años	Seres sobrenaturales (fantasmas, brujas), hacerse daño, truenos y relámpagos, oscuridad, dormir o quedarse solo, separarse de los padres.
7-8 años	Seres sobrenaturales, oscuridad, miedo a acontecimientos difundidos en medios de comunicación, quedarse solo, hacerse daño.
8-12 años	Deberes, exámenes y resultados escolares, hacerse daño, rayos y truenos, muerte, oscuridad.

Los miedos infantiles no reflejan en absoluto las capacidades que tendrá el niño en el futuro. Un niño muy temeroso puede convertirse en un adulto con una fuerza interior inmensa y un valor ejemplar. Fue el caso de Gandhi. Los miedos infantiles pueden ser un terreno abonado para el éxito.

El miedo a la oscuridad

Para algunos, el miedo a la oscuridad no desaparece jamás. La pérdida de referencias visuales sugiere el vacío, la nada, la separación, la ausencia de vínculo con lo que ofrece seguridad. La noche o una habitación oscura pueden despertar en el adulto terrores infantiles que en otros se han ido desvaneciendo con la edad. En la oscuridad, la imaginación se dispara y produce imágenes angustiosas.

Una persona que tiene miedo a la oscuridad o a la noche fue antaño un niño abandonado a sus temores. Philippe nos explica: «La hora de acostarme siempre me ha dado miedo. Me siento ridículo, porque a los veintiocho años aún necesito dejar encendida una lamparita de noche para conciliar el sueño». Philippe se siente solo y desvalido, pero no sabe que en su interior hay un niño que sigue llamando a su madre. Recuerda una escena dolorosa: «Entre los ocho y los doce años, lloraba casi todas las noches antes de acostarme. Tenía miedo de que mi madre muriera por la noche. Tenía cáncer y no se quejaba jamás, pero algunas veces se le escapaba un grito y el rostro se le retorcía de dolor. Aún tengo la imagen clavada».

Philippe dominó el miedo gracias a un osito de peluche que representaba a su niño interior atemorizado. Empezó a tranquilizarlo, a abrazarlo y a besarlo con ternura. Pudo expresar lo que jamás pudo decir de niño. El niño atemorizado, simbolizado por el peluche, recibió así todas las muestras de afecto y de atención que le faltaron. Su miedo a la oscuridad disminuyó en el espacio de un mes, y aún hoy sigue cuidando de su niño interior a través del osito de peluche.

Las virtudes del peluche

Tras descubrir setenta y cinco mil osos de peluche olvidados en sus habitaciones, la cadena de hoteles Travelodge llevó a cabo una encuesta. La mayoría de los peluches recuperados en los 452 hoteles que la cadena tiene en Inglaterra pertenecían a adultos. La encuesta concluyó que el 35 % de los adultos británicos poseen un peluche; el 51 % de los ingleses admiten haber conservado un oso de su peluche de su infancia, y un 56 %

de los participantes en la encuesta consideraban legítimo que un adulto tuviera un peluche. Y con motivo: el peluche tiene virtudes desestresantes.[3]

Representar una parte de nosotros mismos con un peluche nos recuerda la naturaleza frágil y vulnerable del verdadero Yo infantil. Responde a una necesidad visceral de seguridad ante la emoción de miedo. Cuando llega la noche, esta presencia a nuestro lado evoca al peluche de la infancia, un apoyo imaginario para afrontar lo que hay oculto en la oscuridad. Aunque afrontar la oscuridad, los sueños y las pesadillas es algo natural para un adulto, todos conservamos el recuerdo infantil de la inquietante extrañeza de su mundo interior.

Muchos adultos utilizan un peluche como objeto de transición para desanclar sus miedos o sus angustias.[4] Además de ser sano, también es señal de madurez. Apelan a uno de los poderes creativos de la infancia: la simbolización. El peluche ya no es un muñeco, es un puente hacia uno mismo, una oportunidad de volver a forjar los vínculos y alimentar la comunicación con su faceta infantil.

El ejercicio del día: encuesta sobre peluches

Le sugerimos que haga su propia encuesta entre sus familiares, compañeros de trabajo o meros conocidos. Es muy posible que la encuesta le revele un fenómeno poco sabido con frecuencia escondido, y se convierta en una oportunidad para mantener conversaciones enriquecedoras y auténticas sobre un hecho incuestionable: la faceta infantil que conserva en su interior

- ¿Duermes con algún peluche?
- ¿Conservas alguno de los peluches o de las muñecas de tu infancia?

1. Los hermanos Grimm sustituyeron el tarro de mantequilla de la versión de Charles Perrault por una botella de vino.
2. La tabla reproduce los datos que aportan Stephen y Marianne Garber Robyn Spizman en su libro *Les Peurs de votre enfant – Comment l'aider à les vaincre*, Odile Jacob, 1997. La lista no es exhaustiva.
3. Puede consultar los datos del estudio en *www.magicmaman.com*.
4. Para profundizar en el uso del peluche de consuelo, consulte nuestro libro *S'ouvrir son coeur d'enfant*, Seuil, 2005 (pp. 191-192).

¡BASTA YA DE... TENER MIEDO!

DÍA 8

Monstruos en el armario

El miedo a los monstruos

«El verdadero miedo es como una reminiscencia de los terrores fantásticos de antaño».

Guy de Maupassant

El ritual de acostarse

En la película *Aliens, el regreso*, estrenada en 1986, el director James Cameron presenta una escena conmovedora entre la heroína, Ellen Ripley (Sigourney Weaver) y Newt, una niña que es la única superviviente de los 157 colonos que la empresa Weyland-Yutani había enviado a LV-246.

—A la cama. Sin replicar. ¿Ves? Estás bien. Tápate con la manta y duerme. Estás muy cansada.

—No quiero dormir. Tengo pesadillas.

—Apuesto a que Carol [la muñeca de Newt] jamás tiene pesadillas. Vamos a ver. No, todo está perfecto ahí dentro. ¿Lo ves? Ahora, haz lo mismo que ella.

—Ripley, Carol no tiene pesadillas porque es un trozo de plástico.

—Es verdad. Lo siento, Newt.

—Mi mamá decía que los monstruos no existen. Que son de broma. Pero sí que existen.

—Sí, existen.

—Entonces, ¿por qué los mayores dicen que no existen?

—Porque la mayoría de las veces es cierto.

—Toma, ponte esto. [*Le da una pulsera con GPS*]. Da buena suerte. Duerme bien.

—Quédate un poco más, por favor.

—No, no me voy. Me quedará aquí al lado. Mira, ¿ves esa cámara? Pues puedo verlo todo con ella. Así que sabré que todo va bien. No te abandonaré, Newt. Jamás. ¿Me oyes? Te lo prometo.

—Me lo prometes, ¿eh?

—Que me muera si no.

—Si mientes, irás derecha al Infierno.

—Si miento, iré derecha al Infierno. [*Se abrazan y se besan.*]

—Ahora, a dormir. Y nada de pesadillas.

—[*La pequeña le toca la frente. Se ríen.*] ¡Granuja!

La angustia en el momento de irse a la cama puede llegar a ser paralizante. El niño necesita un objeto de transición (en la película, la muñeca) que encarne una presencia tranquilizadora. El padre tranquiliza al niño que teme tener pesadillas. Reafirma su ternura y su amor por él. El ritual de acostarse acompaña al niño mientras concilia el sueño.

Esta escena cinematográfica es una metáfora de los monstruos imaginarios de la infancia. Al comparar los monstruos con los extraterrestres totalmente reales de la película, el director reflexiona sobre el origen de la necesidad de tener miedo. Los cuentos de miedo son un remedio excelente contra el miedo, facilitan una verdadera catarsis.

Los monstruos existen

Los monstruos de la infancia que se esconden en el armario o bajo la cama estructuran, consolidan y, al mismo tiempo, disuelven, los miedos profundos. El psicólogo y psicoanalista Marcel Sanguet precisa que: «El ser humano posee un psiquismo, es decir, un consciente y un inconsciente; por lo tanto, el miedo se legitima y necesita, a diferencia de la angustia, un objeto para darle forma, para "informarlo" y delimitar y definir el espacio y el tiempo del peligro».[1]

Los monstruos son la encarnación de deseos reprimidos y de pulsiones subyacentes y difíciles de controlar. Vehiculan todos los sentimientos de vergüenza, de culpabilidad, de impotencia o de celos que abruman al niño. Proyectarlos hacia el exterior le permite afrontar con más facilidad el hervidero de «monstruos» en su interior.

Los monstruos de la infancia están muy vivos, psicológicamente hablando, a partir de los dos años de edad. Merodean en la oscuridad y se comunican con el niño atemorizado. El dormitorio es uno de sus terrenos de juego preferidos.

El dormitorio

El dormitorio es un espacio personal e íntimo. Es un remanso de tranquilidad que ofrece la posibilidad de acceder al Yo más profundo. «Dormitorio» es *chambre* en francés, *cambra* en catalán o *camera* en italiano. Estos términos proceden del latín *camera*, que significa «bóveda.» El dormitorio es como una mujer embarazada protegida, una matriz en la que se puede vivir una experiencia regresiva y reconstituyente.[2]

En el dormitorio, el niño queda expuesto a su miedo a la oscuridad y a los seres sobrenaturales que se ocultan en ella. Esta confrontación es imprescindible para que pueda crecer sin la presencia continuada de sus padres. Aprende a controlar la brecha, la separación que provoca la noche. El dormitorio se convierte en un espacio donde adquirir recursos.

El testimonio de Marie-France

De niña, dormí en la habitación de mis padres hasta los siete años de edad. Los veía retozar, sin entender realmente lo que sucedía. Luego, dormí en el salón y después en el comedor, por donde pasaba todo el mundo. Entre los quince y los dieciocho años dormí con mis dos hermanas mayores, en su habitación. Más adelante, me di cuenta de que estos acontecimientos, en apariencia anodinos, me marcaron profundamente. Privada de dormitorio y de intimidad durante la infancia, no pude vivir las suficientes experiencias internas. Mi atención, mis deseos y mis temores se focalizaban en mis padres y en mis hermanas. De adulta, tuve ansiedad durante mucho tiempo y me aburría con facilidad. Tuve que invertir muchos años para conocerme y encontrarme a mí misma. Ahora soy más introspectiva, he forjado vínculos más profundos y estoy más en paz conmigo misma.

Ahora, mi dormitorio es un santuario donde reservo tiempo para leer, meditar y escuchar a la Marie-France niña. Desde que forjé vínculos con ella, valido lo que siente. Me pongo en su lugar y le proporciono lo que le ha faltado. Cuando mi sentimiento de inseguridad vuelve a aparecer, lo acepto con benevolencia. Es una llamada de la pequeña Marie-France, que me pide: «¡Cuídame!». La escucho y le murmuro: «Estoy aquí». Y mi inquietud desaparece rápidamente.

La verdadera intimidad se cultiva en la relación con uno mismo. Si el niño no aprende a estar solo, predomina la relación interpersonal (relación con los demás). Su capacidad para entender y discernir sus propias motivaciones, emociones, necesidades, capacidades, puntos fuertes y objetivos queda entorpecida.

Las personas que cuentan con una inteligencia intrapersonal potente tienen más facilidad para aceptar y dominar sus miedos y angustias, al igual que sus deseos y pulsiones. Cultivamos el vínculo de confianza y de seguridad con nosotros mismos gracias a la reconexión y al reconocimiento de la vivencia infantil.

Viajar al país de los monstruos

«Muy pocos monstruos merecen
el miedo que les tenemos».

André Gide

La película *Monstruos S. A.*

Resulta muy difícil encontrar la plenitud en la edad adulta si no recorremos de nuevo los senderos de la infancia. Hay que volver a visitar los monstruos del armario o bajo la cama. Estas criaturas fantásticas forman parte de nuestra vida interior y, en ocasiones, de nuestro maravilloso jardín secreto. Son recursos de conocimiento interno increíblemente ricos.

Los monstruos pertenecen al sistema psíquico del niño, y a todos los adultos nos beneficia desvelar sus funciones antiguas. La película de animación *Monstruos S. A.*, de Pixar/Disney, estrenada en 2001, ofrece una visión alegre y profunda de los miedos infantiles.

1. La película narra la vida de una comunidad de monstruos en Monstruópolis. Algunos de los monstruos trabajan en la empresa Monstruos S. A. en el centro de la ciudad. Su trabajo consiste en entrar por los armarios a las habitaciones de los niños y asustarlos. Entonces, recogen y procesan los gritos de los niños, que proporcionan la energía que necesitan para que su mundo siga funcionando. El enorme monstruo James Sullivan (al que llaman Sulley) es un «asustador de niños» de élite y sabe asustar a los niños sin tocarlos jamás. Todo contacto físico con un niño humano es mortal para los monstruos. El eslogan de la empresa es «Asustamos porque nos preocupamos».

Análisis: los miedos infantiles liberan una energía vital. Son sanos y contribuyen a la salud psicológica.

2. Hay un accidente. Una niña entra en su armario justo cuando los dos mundos están en contacto y desencadena el pánico entre los monstruos, porque al penetrar en su mundo ha puesto en peligro el buen funcionamiento de Monstruópolis. Sulley y su compañero, Bob, harán todo lo posible para restablecer el equilibrio anterior y devolver a la niña, a quien Sulley ha llamado Boo, a su habitación. Sin embargo, Boo no siente miedo ante el universo de monstruos que se le ha revelado. De hecho, le divierte mucho. Ella y Sulley se hacen muy amigos.

Análisis: los monstruos no son peligrosos. Podemos domesticarlos. El niño consigue comunicarse con ellos y acaban haciéndose amigos.

3. Pasan muchas peripecias y Sulley aprende a superar el miedo que tiene a la niña. Es pequeña, corre peligro y Sulley decide salvarla. Gracias a ella, descubre que la risa es diez veces más potente que los gritos de miedo. Convertido en presidente de Monstruos S. A., transforma la misión de los monstruos, que a partir de ese momento deberán hacer reír a los niños.

Análisis: los monstruos del armario son protectores y guardianes. Ayudan al niño a distanciarse de las heridas y del sufrimiento. El miedo que inspiran proporciona una válvula de escape a la psique y actúa como una defensa primaria del Yo. Los monstruos «malvados» permiten conservar la imagen de los padres «buenos». Los monstruos acaban siendo amigos cuyo destino es volver a los limbos de la memoria.

Piense en sus monstruos

Los monstruos nos enseñan que el miedo es una emoción natural. Es una energía que pone en movimiento, intensifica y amplifica la existencia. Si lo canalizamos, el miedo contribuye a la vivencia* como motivador biológico innato, al igual que el placer o la ira.

¿Y si esta noche reflexiona sobre sus monstruos personales, antes de conciliar el sueño? Quizás haya alguno escondido bajo su cama, en el armario o en un cajón. Ha vuelto para iniciarlo. Hoy, está dispuesto a escuchar verdades olvidadas.

Si aprende a comunicarse con sus monstruos olvidados y a sentir ternura hacia ellos, recuperará una parte indispensable del niño que fue.

El ejercicio del día: dibuje a su monstruo

Ármese con un folio de papel blanco y varios lápices de colores. Utilizará su mano no dominante para dibujar su monstruo. La mano no dominante permite que el niño interior se exprese con mayor facilidad. Si es diestro, será la mano izquierda. Si es zurdo, será la derecha. Si es ambidiestro, elija la mano con la que dibujar y escribir le resulte más difícil.

Fase 1. Cierre los ojos. Visualice el niño que fue. Puede imaginarlo o inspirarse mirando fotos de su infancia. Respire profundamente y diga lo siguiente en voz alta: «Pequeño/a [diga su nombre], dibújame a tu monstruo». No piense. Deje que su mano no dominante dibuje sola, sin expectativas ni juicios. No intente hacerlo bien. Deje a un lado todo lo que haya podido aprender sobre el dibujo y los monstruos. Dibuje las formas y los colores que surjan espontáneamente. Haga lo que haga, estará bien.

Fase 2. Pregúntele a su monstruo: «¿Cómo te llamas?». Escriba el nombre bajo el dibujo.

Fase 3. Esta noche, duerma con el dibujo de su monstruo bajo la cama. Quizás le parezca extraño, ¡pero mañana le diremos más!

1. *Le Bébé et ses peurs*, Erès, 2000 (p. 8).
2. The Archive for Research in Archetypical Symbolism, *Le Livre des symboles – Réflexions sur des images archétypales*, Taschen, 2011 (p. 598).

¡BASTA YA DE... TENER MIEDO!

DÍA 9

Domesticar la sombra

En busca de su sombra

«Quien desconoce su sombra, encuentra su destino».

Carl Gustav Jung

El miedo a la sombra

En la película *La bella y la bestia*, de Jean Cocteau, la bella teme a la bestia, pero acaba viendo más allá de las apariencias. La mira, la domestica y la ama por lo que es en el fondo. Su amor la transforma y la convierte en un hombre apuesto.

La criatura monstruosa es un símbolo de la sombra. La sombra es lo que queda en la oscuridad. Es lo que la persona no reconoce y lo que la persigue incansablemente. La sombra es el depósito de los aspectos que rechazamos de nuestra personalidad.

Todo lo que no se conforma con las expectativas está destinado a estancarse en secreto en la oscuridad psíquica. Evitamos enfrentarnos a nuestra sombra, porque juzgamos con mucha severidad lo que oculta. En realidad, tenemos miedo a nuestra fragilidad y a nuestras debilidades. El monstruo es una imagen deformada de los límites humanos. Huimos de la sombra, porque no queremos aceptar lo que no nos gusta de nosotros mismos.

Negar la sombra no solo significa que no la vemos en nosotros mismos, sino que tampoco la vemos en los demás y, como nos dejamos llevar por las apariencias, caemos en juicios erróneos y percepciones falsas. Al final, todo lo que negamos y lo que no queremos ver ni en nosotros ni en los demás puede arrebatarnos el timón e irrumpir en nuestras vidas brutalmente.

Descubrir la propia sombra

Todos los niños tienen miedo a los monstruos y se esconden, aterrorizados, bajo la manta. Aprenden a observarlos y acaban por darse cuenta de que tras esos cuerpos monstruosos se oculta algo conocido y tierno. Así, el niño aprende a ir más allá de sí mismo y de sus miedos.

El adulto puede seguir el mismo camino de descubrimiento con los monstruos que habitan en su sombra. Forman un verdadero bestiario fantástico.

¿Qué se oculta en la sombra?

«No nos convertimos en seres luminosos mirando la luz, sino sumergiéndonos en la oscuridad. Sin embargo, se trata de un trabajo que suele ser desagradable y, por lo tanto, impopular».

Carl Gustav Jung

El bestiario de las criaturas de la sombra

El lenguaje simbólico es un recurso interno fundamental. El adulto necesita imágenes que evoquen y toquen con el dedo las fuerzas audaces e ingeniosas que sueñan en su interior. El éxito de series de libros como *El señor de los anillos* o *Harry Potter* demuestra la necesidad que tenemos de metáforas y símbolos.

Los mitos modernos están poblados de criaturas monstruosas que iluminan la vida psíquica al igual que lo hacen los héroes.

Criatura	Origen	Significado
Frankenstein	La criatura del doctor Frankenstein nació en el libro *Frankenstein o el moderno Prometeo*, de Mary Shelley, en 1818, y saltó a la gran pantalla en 1931. El gigante inocente y de apariencia humana es rechazado por la sociedad y por su propio creador, que lo acusa de haberle arruinado la vida..	La historia pone de manifiesto la ilusión de omnipotencia. La pretensión de superar los límites humanos naturales nos lleva a ser orgullosos e incluso inhumanos. No acogemos ni aceptamos la sombra. Las imperfecciones nos molestan y las rechazamos y las prohibimos. Corremos el riesgo de que lo que no queremos ver nos salte a la cara y se convierta en una de las bases de nuestra personalidad. «Quien quiere hacer de ángel acaba haciendo de bestia», decía Pascal.

Criatura	Origen	Significado
Robot	Karel Capek, un escritor checoslovaco, fue el primero en usar este término en 1920. En las lenguas eslavas, la raíz de la palabra significa «trabajo, tarea». Los robots atormentan la imaginación humana desde hace mucho tiempo. Y ahora son una realidad.	El robot clásico es la imagen del que se perpetúa sin cambio, un mecanismo bien engrasado sin vida orgánica y al servicio de otros. Representa a la parte de nuestra personalidad que obedece a los demás, sin deseos ni voluntad propia. Gracias a los avances tecnológicos, también representa el Yo idealizado y el vagabundeo al que nos condenan el perfeccionismo o la identificación con una imagen tan perfecta como ilusoria.
Vampiro	El vampiro es una figura folclórica muy antigua, y en 1897 Bram Stoker la popularizó con su novela, *Drácula*. Ahora, los vampiros son personajes habituales en la televisión y el cine. Este muerto viviente inmortal se alimenta de la sangre de sus víctimas, que lo regeneran.	La sangre simboliza el impulso vital y creativo*. El vampiro es la imagen de las creencias y de las conductas ocultas que debilitan la vivencia*. Hay relaciones tóxicas, en las que uno utiliza al otro para conseguir sus propios fines. El vampirismo en la relación se da a nivel psicológico y energético.
Zombie	La primera mención a los zombies se remonta a 1697. Están muy presentes en las culturas haitiana y vudú, y son muertos que han vuelto a la vida gracias al poder de un brujo que los controla. Esta imagen se transformó y se popularizó en Occidente tras la película *La noche de los muertos vivientes*, de George A. Romero, en 1968. Desde entonces, los zombies se han convertido en un fenómeno social con los dibujos animados de Robert Kirkman y la serie *The Walking Dead*. Los zombis son muertos vivientes, sin cerebro y caníbales. Carecen de psiquismo. Son seres reducidos a su dimensión orgánica, que se mueven únicamente por instinto para satisfacer su anhelo insaciable de carne humana.	El zombi es un resultado concreto de la forma humana. Liberado de la muerte, de la soledad y de la búsqueda de sentido y de conciencia, acaba ahogado en una horda impersonal. El muerto viviente nos advierte de un peligro: la uniformidad que nos deshumaniza. El potencial del ser humano queda olvidado y es imposible realizarse como motor de cambio individual y social.

A veces las criaturas de la sombra nos visitan en sueños, con la intención de denunciar las carencias del Yo adaptado y de la sociedad. Sacan a la palestra los miedos, los deseos y las pulsiones que hay que gestionar. La bestia, al igual que el ángel, es un intermediario de lo que permanece oculto. Su aspecto monstruoso no es un reflejo de su naturaleza verdadera, sino de su exilio a la oscuridad. Su aspecto aterrador llama la atención y cuestiona la normalidad definida por el marco familiar y social.

La criatura de la sombra es heredera del monstruo de la infancia. Y cuando nos enfrentamos a ella, estamos más completos.

El niño interior atemorizado

Los miedos existen para disimular un sufrimiento no expresado, negado y olvidado. Disuaden a quienes no están dispuestos a abrazar y amar al niño exiliado y herido que languidece de amor.

Este niño herido anhela un oído atento que escuche sus males y brazos tendidos que le tranquilicen. Le asusta no poder volver a casa jamás. Hay quienes desconocen que la confianza en uno mismo y en la vida se cultiva a través de la relación con el niño interior. Hay que inventar esa comunicación intrapersonal, que se desarrolla plenamente mediante la simbolización, el dibujo y la escritura espontáneos.

Cuanto más huimos de nuestra infancia, más rígido es el control que el niño adaptado* ejerce sobre el adulto. La negación del niño interior da lugar a múltiples relaciones destructivas, heridas, sufrimiento legítimo y necesidades desatendidas. Es normal que su niño interior* tenga miedo. Está solo y abandonado. Le necesita. Tiene el poder de tranquilizarlo y la fuerza necesaria para amarlo tal y como es.

Ejercicio del día: comuníquese con su monstruo

Los monstruos infantiles, desterrados a la sombra y olvidados, esperan su regreso con impaciencia. Son una expresión simbólica de su verdad interior olvidada, la puerta de entrada al inconsciente y a lo reprimido.

Comunicarse con ellos liberará una energía vital primordial y validará la verdad de su niño interior.

Fase 1. Recupere el monstruo que dibujó ayer. Ha pasado la noche bajo su cama. Es el lugar que le corresponde y seguro que está muy contento de haber vuelto a casa. Mírelo. ¿Qué siente al verlo?

Fase 2. A continuación encontrará una lista de preguntas, para que se las haga a su monstruo. Prepare un folio, para anotar las respuestas con su mano no dominante.

- ¿Qué peligro simbolizas?
- ¿Qué trauma escondes?
- ¿Qué herida disimulas?
- ¿Qué necesidad proteges?
- ¿Qué verdad me traes?
- ¿Qué mensaje me transmites?

No analice sus respuestas. Déjese tocar por lo que surja.

Fase 3. Observe de nuevo a su monstruo. ¿Qué siente? ¿Hay algo distinto en su percepción y en su emoción? ¿Está dispuesto a aceptarlo como amigo?

Fase 4. Con la mano no dominante y los lápices de colores, añada al dibujo formas y palabras que respondan a las necesidades de su monstruo. Así podrá vivir en paz en su interior.

CUARTA PARTE

Los miedos relacionales

"Los miedos dificultan las relaciones y destilan violencia en la comunicación con el otro. La violencia, ya sea verbal, psicológica o física, se alimenta del miedo y genera muchísima incomprensión y sufrimiento. Esta etapa es una guía para salir del círculo vicioso de miedo y violencia, para poder forjar relaciones armoniosas con uno mismo y con los demás."

DÍA 10

El miedo y la violencia

En lo más profundo de la relación

«La violencia es el disfraz preferido del miedo».

Jacques Salomé

La aventura de los molinos

En esto descubrieron treinta o cuarenta molinos de viento que hay en aquel campo, y así como don Quijote los vio, dijo a su escudero:

—La ventura va guiando nuestras cosas mejor de lo que acertáramos a desear; porque ves allí, amigo Sancho Panza, donde se descubren treinta o poco más desaforados gigantes con quien pienso hacer batalla, y quitarles a todos las vidas, con cuyos despojos comenzaremos a enriquecer [...].

—¿Qué gigantes? [...] Mire vuestra merced, —respondió Sancho—, que aquellos que allí se parecen no son gigantes, sino molinos de viento, y lo que en ellos parecen brazos son las aspas, que volteadas del viento hacen andar la piedra del molino.

—Bien parece —respondió don Quijote— que no estás cursado en esto de las aventuras; ellos son gigantes, y si tienes miedo quítate de ahí, y ponte en oración en el espacio que yo voy a entrar con ellos en fiera y desigual batalla.

[...] con la lanza en ristre, arremetió a todo el galope de Rocinante, y embistió con el primer molino que estaba delante; y dándole una lanzada en el aspa, la volvió el viento con tanta furia, que hizo la lanza pedazos, llevándose tras sí al caballo y al caballero, que fue rodando muy maltrecho por el campo. Acudió Sancho Panza a socorrerle a todo el correr de su asno, y cuando llegó, halló que no se podía menear, tal fue el golpe que dio con él Rocinante.

—¡Válgame Dios! —dijo Sancho—; ¿no le dije yo a vuestra merced que mirase bien lo que hacía, que no eran sino molinos de viento, y no los podía ignorar sino quien llevase otros tales en la cabeza?.[1]

Comunicarse o pelearse

Con frecuencia, las relaciones interpersonales se distorsionan debido a la imagen que nos forjamos del otro. El otro, en lugar de ser una persona completa, es una imagen compleja, porque proyectamos sobre él parte de nuestra propia historia familiar y relacional. El conjunto de las experiencias pasadas es un prisma a través del cual percibimos irremediablemente al otro. Cuando conocemos a alguien, solemos etiquetarle con rapidez y de forma maniquea. El cerebro gestiona centenares de datos sutiles y, así, clasificamos al otro en el archivo de las malas experiencias o en el de los buenos recuerdos.

Algunas relaciones parecen plantear el dilema siguiente: comunicarse o pelearse. Sin ni siquiera darnos cuenta, a veces oscilamos entre estas dos alternativas. Un día estoy contento de abrirme al otro, de descubrir quién es y de expresar lo que hay en mi interior. Al día siguiente, desconfío y me cierro. La desconfianza engendra un estado de guerra, la guerra de uno contra uno mismo. Y, en ese momento, la comunicación se carga de violencia.

La aventura de los molinos permite que descifremos con sentido del humor el drama de nuestra propia vida. Don Quijote estaba decidido a luchar contra los molinos de viento. ¿Acaso no tendemos todos a justificar nuestros combates? Uno se siente ofendido, el otro quiere tener razón... La relación se convierte, con frecuencia, en un terreno donde se baten en vano conflictos soterrados. ¿Por qué? Porque en lo más profundo de la relación y de la comunicación viven, unidos intrínsecamente, los miedos relacionales y la violencia. Cualquier tipo de violencia tiene su origen en el miedo al otro.

La inteligencia relacional

Marshall B. Rosenberg, psicólogo estadounidense y creador de la Comunicación No Violenta, afirma que: «La violencia, ya sea verbal, psicológica o física, y ya se manifieste en la familia, entre tribus o entre países, emana de una forma de pensar que atribuye la causa del conflicto a los errores del adversario y de la incapacidad para admitir la vulnerabilidad propia o la del otro, es decir, para percibir lo que se siente, se desea, se espera, se teme...».[2] Percibir y expresar lo que sentimos, deseamos, esperamos, tememos... es básico para la relación. Es el fundamento de una relación sana, rica y respetuosa entre las personas.

La investigación neuropsicológica más reciente ha confirmado que el cerebro humano es neurosocial.[3] Las neuronas espejo nos permiten resonar empáticamente con el otro y sentir lo que el otro siente, tanto para bien como para mal. Las neuronas fusiformes ofrecen una respuesta rápida y totalmente inconsciente a las casi infinitas percepciones de la persona. Por ejemplo, captamos instintivamente el significado de dieciocho sonrisas distintas. La mayoría de las veces, vemos lo que queremos ver.

Estos descubrimientos abren la puerta a una nueva comprensión de las relaciones humanas:

- Somos sensibles a la calidad de las relaciones, porque adoptamos las emociones con las que estamos en contacto con regularidad.
- Somos sensibles al sufrimiento del otro, que evoca el nuestro y, cuando le calmamos, buscamos calmar nuestro propio dolor
- Por mimetismo, deseamos de forma natural lo que desea el otro.

La apertura al otro es una característica fundamental del funcionamiento del cerebro humano, que es mimético y empático. Todos necesitamos el contacto directo, físico y sensorial con nuestros iguales. La presencia del otro es indispensable para el desarrollo de la inteligencia relacional. Y, aún más importante, aprendemos a relacionarnos y a comunicarnos, no nacemos sabiendo hacerlo. Estos aprendizajes son esenciales para emanciparnos de modelos disfuncionales, fuente de miedos y de violencia en la relación.

Salir de la violencia

«Como padres, deberíamos saber que cualquier forma de violencia en la educación mata el amor».

Alice Miller

La violencia en la relación

Hace poco, los padres de un niño de dos años nos transmitieron su preocupación. Creían que su hijo padecía un retraso mental. En sus palabras, era incapaz de «concentrarse en las tareas y solo pensaba en jugar sin la menor preocupación». Estos padres, visiblemente preocupados y atentos al bienestar de su hijo, parecían sinceros.

Le respondimos que la actividad de su hijo era muy inteligente y una de las más necesarias para su desarrollo. A los dos años, el juego permite elaborar múltiples aprendizajes. Los animamos a que revisaran sus principios pedagógicos y les recordamos que el juego es una aportación maravillosa a la vida interior y a la que nos rodea. Observar al niño mientras juega, y jugar con él, nos ayuda a forjar una relación sana y enriquecedora.

Para Marshall B. Rosenberg, «la violencia nace de nuestra educación, no de nuestra naturaleza».[4] Toda educación es violenta cuando entorpece la vivencia*, el formidable impulso vital que nos anima y nos dinamiza a todos. La educación que proporcionan los padres se convierte en el modelo relacional de referencia. El niño aprende a obedecer los deseos de sus padres y olvida los propios. La mayoría de los padres expresan a diario expectativas, ya sean implícitas o explícitas, en relación con sus hijos. Un padre le pide a su hija que deje de cantar, porque quiere leer el periódico. Una madre no soporta los llantos de su hijo y estalla de ira. La repetición de estas conductas acaba por herir al niño y le obliga a negarse y a renunciar a su deseo legítimo.

La negación del niño genera una violencia que se imprime en él, con la misma fuerza que una mancha de tinta sobre papel secante.

El origen de la violencia

La vivencia* consiste en la libre circulación de sentimientos, emociones y necesidades. Cada vez que alguien ve bloqueadas sus necesidades esenciales y es obligado a guardar silencio, es víctima de violencia. Y esta violencia engendra un sufrimiento sordo y mudo, que tapa una vivencia interna ahogada.

El origen principal de la violencia está en el miedo al otro. Educadas para no hacer caso a sus emociones y necesidades, muchas personas perpetúan la violencia cuando se sienten amenazadas. En los ejemplos anteriores, el padre no consigue expresar su necesidad de tranquilidad a la niña, así que le ordena callar. La madre no reconoce su necesidad de tener tiempo para ella y ya no puede atender a su hijo. Cuanto menos respondamos a nuestras propias necesidades, más penetramos en una zona de intolerancia donde percibimos al otro como una amenaza para nuestro equilibrio.

Nos cuesta mucho reconocer nuestra fragilidad y cuidar de ella. Nos cuesta asumir que somos personas imperfectas con emociones múltiples y contradictorias. ¿Por qué? Porque gran parte de la educación actual se centra en encadenar la vivencia interna del niño. Cuando negamos al niño la posibilidad de expresarse de forma libre y natural, se siente como un objeto, no como una persona. Y eso genera una gran violencia interior. Debe responder a las necesidades del otro, en lugar de a las propias. Y eso es lo que exigirá a los demás en sus relaciones futuras. Los «tienes que» o «deberías», así como los castigos y las prohibiciones, hacen que el niño crezca en la obediencia y el miedo.

El escritor Daniel Pennac nos explica su experiencia como «mal estudiante» en la escuela: «Sí, el miedo fue, definitivamente, lo que marcó mi etapa escolar; fue una cárcel».[5] La escuela es todavía y en demasiadas ocasiones un lugar en el que se experimenta miedo y, también, violencia. El niño formateado y adaptado se convertirá en un adulto con una conducta relacional parecida a la de sus padres y sus profesores.

Cada vez que no reconocemos nuestras emociones, que no aceptamos la diferencia en el otro y que no le concedemos el derecho a tener su propia percepción de las cosas, lo convertimos en un objeto y deja de ser una persona. ¿Por qué? Porque sentimos que nuestra unicidad, identidad y supervivencia corren peligro. Este es el origen fundamental de toda la violencia en las relaciones.

El miedo y la violencia dañan el corazón del Yo profundo y condenan al exilio al Yo auténtico y espontáneo. Solo queda una personalidad orientada a la supervivencia y la competitividad que percibe a los demás como amenazas.

La violencia en la comunicación

El célebre psicólogo social Jacques Salomé ha dedicado gran parte de su vida y de su investigación a desarrollar «un abordaje que nos permita a todos relacionarnos con lo mejor de nosotros mismos y de los demás».[6] Para desarrollar una inteligencia relacional y una comunicación sin violencia, propone empezar por detectar todo lo que entorpece la buena voluntad en la relación con el otro. Estos son los cinco pilares del sistema SAPPE[7] que generan violencia en la comunicación:

- Las órdenes, los «hay que» y los «tienes que» dictan al otro qué debe pensar, sentir, expresar y hacer.
- Menospreciar y descalificar atentan contra la valía y la autoestima del otro. Por ejemplo, en la escuela, nos ponen etiquetas asesinas como «inútil», «poco aplicado», «mal estudiante»...
- La culpabilización está muy presente en la noción del deber que el niño tiene respecto a sus padres. Alice Miller nos recuerda sabiamente que «todos los niños aman a sus padres, sin que nadie se lo pida ni se lo ordene».[8] La culpabilización se utiliza para garantizar el deber de amar y la fidelidad ciega. Quiere hacer creer al otro que la responsabilidad y la culpa de lo que suceda es de él.
- La amenaza blande la posibilidad de peligro y hace crecer el miedo en el otro: «Te caerás», «Esto acabará mal», etc.
- El chantaje es el intento de ejercer una influencia sobre el otro a través de la amenaza: «Si es así, no iré de vacaciones contigo».

Nos gustaría añadir otros tres pilares que alienan la comunicación y que hemos detectado con frecuencia en nuestra consulta:

- El victimismo es pernicioso. Una persona que se halla en este trance se lamenta y nos muestra cuánto sufre y hasta qué punto se siente impotente. Si cooperamos con su sistema, adoptaremos el papel de verdugo o de salvador, y nuestros lazos se volverán tóxicos y consumidores de energía.
- La comparación es un veneno muy potente, un verdadero cáncer para la relación. Niega a la persona como ser único.
- La falta de responsabilidad es otro veneno relacional. Consiste en traspasar al otro la responsabilidad sobre las emociones propias. «Me has hecho enfadar». Somos absolutamente responsables de nuestras emociones. Somos responsables de lo que sentimos, nadie se introduce en nosotros para provocar tal o cual emoción.

Estos pilares son los destructores principales de la calidad, la seguridad y la intimidad en las relaciones. Toda relación verdadera genera intimidad, es decir, un respeto profundo, intercambio, transparencia y reciprocidad. Los pilares que acabamos de enumerar generan violencia que actúa directamente sobre los miedos relacionales. Por ejemplo, el miedo al rechazo.

El primer miedo relacional: el miedo al rechazo

El miedo al otro es omnipresente. Enfrentarnos al otro supone enfrentarnos a nuestra propia humanidad. ¿Estamos dispuestos a descubrir lo que el otro refleja de nosotros? Si la respuesta es afirmativa, el miedo al otro es sano. La aprensión deja paso a la alegría de compartir, a la aceptación de la diferencia y de los desacuerdos, y a la búsqueda gratificante de lo que une y reconcilia. Si la respuesta es negativa, el miedo al otro prospera y entorpece las relaciones.

El testimonio de Emmanuel

"Juego a bádminton todas las semanas. Un día, jugué un partido de dobles junto a un compañero experimentado y contra otra pareja. Perdimos dos partidos y me espetó: "Emmanuel, juegas muy mal, voy a buscar otra pareja". Sentí que el miedo me embargaba. Una voz interna empezó a susurrarme: "¿Lo ves? Eres un inútil, nadie te quiere". En menos de un segundo, me había sumido en un trance profundo. Volví a la adolescencia, cuando la timidez me impedía acercarme a los demás. Empecé a pensar que, a partir de ahora, todos se negarían a jugar conmigo. La tristeza me invadió. Y dos antiguos demonios volvieron a activarse. El miedo al rechazo y al sufrimiento me inundaba. Y, desde entonces, no he podido volver a hablar ni con mi compañero ni con nadie del gimnasio. Parte de mí está encolerizada con él. ¿Acaso no es todo culpa suya? ¿Qué hago? ¿Escapar o, como don Quijote, atacar?

La relación con el niño interior está en lo más profundo de la vida. Todos podemos embellecer nuestra vida y el mundo si asumimos la responsabilidad de curar a nuestro niño interior. Sentado en las gradas, cierro los ojos y me reúno con el Emmanuel perdido y triste de trece años de edad. Le pregunto: "¿Qué necesitas?". Con los ojos llenos de esperanza, murmura: "Dame la mano y anímame." Le consuelo con palabras tranquilizadoras... El niño exiliado simboliza lo pequeño y lo frágil de mí mismo, una parte del Yo verdadero que necesita expresarse y sentirse escuchado y validado en sus emociones. Ahora me siento mucho mejor, unificado de nuevo. Y empiezo a jugar con otro compañero."

Todos experimentamos el rechazo, con regularidad y de forma más o menos consciente. Entonces, ¿cómo vivir entre los demás y con los demás sin temor a sufrir o a hacer sufrir? ¿Cómo cuidar al niño interior*?

El ejercicio del día: evalúe el nivel de violencia en sus relaciones

Todo cambio empieza por uno mismo. Obsérvese en sus distintas relaciones (familiares, de pareja, profesionales...) y en la relación consigo mismo.

¿En qué medida recurre a los pilares tóxicos? Haga dos marcas a lápiz en cada uno de los indicadores siguientes (una para las relaciones con los demás y otra para las relaciones consigo mismo).

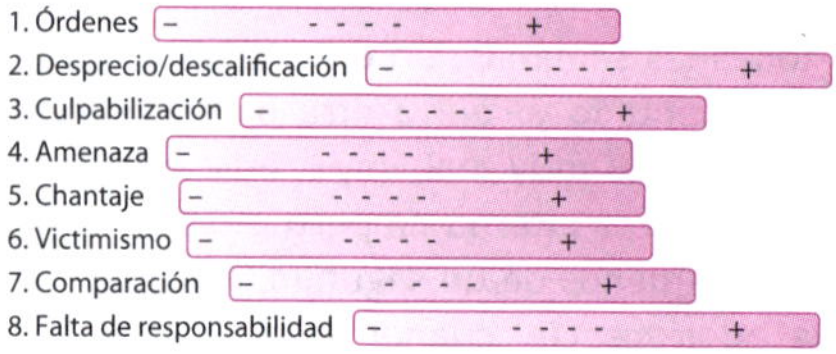

Si durante las próximas semanas detecta mejorías, desplace las marcas.

Es posible que las marcas muestren niveles elevados. No se preocupe. Eso significa que ha tomado verdadera conciencia de la violencia en sus relaciones.

1. Principio del capítulo VIII del libro de Miguel de Cervantes *El ingenioso hidalgo don Quijote de la Mancha*.
2. Rosenberg, Marshall B., *Les mots sont des fenêtres (ou bien ce sont des murs)*, Éditions La Découverte, 2005 (p. 36).
3. Cyrulnik, Boris; Bustany, Pierre; Oughourlian, Jean-Michel; André, Christophe; y Janssen, Thierry, van Eersel, Patrice, *op. cit.*
4. Rosenberg, Marhall B., *Spiritualité pratique – Les bases spirituelles de la Communication Non Violente*, Jouvence Éditions, 2007 (p. 28).
5. Pennac, Daniel, *Chagrin d'école*, Gallimard, Folio, 2007 (p. 26).
6. Cita de su libro *La ferveur de vivre*, Albin Michel, 2012 (p. 19). Reunió las bases principales de su enfoque en 1997, en el método ESPERE®, que significa energía específica para una ecología relacional esencial (o en la escuela).
7. SAPPE es la sigla en francés para Sordo Ciego Perverso Pernicioso Energetívoro. El sistema SAPPE (que se enseña en el método ESPERE®) se desarrolla en una relación de tipo dominante/dominado en la que se cosifica en gran medida al otro.
8. Miller, Alice, *Ta vie sauvée enfin*, Flammarion, 2008 (p. 253).

DÍA 11

Reparentalización

Ser un buen padre para uno mismo

«El padre atento es una actitud interna muy relacionada con el Yo superior y nuestras capacidades superiores».

Lucia Capacchione

Reencontrarse con el niño interior exiliado

Cuando asumimos la responsabilidad sobre nuestras emociones y atendemos a nuestro niño interior, despertamos nuestro potencial creativo y nos abrimos de forma natural a experiencias que enriquecen la vida. El niño interior encarna una capacidad de vivencia* y de existencia que el adulto ha perdido en gran medida. El niño necesita desarrollarse plenamente y, para crecer, precisa otro padre que compense las carencias de sus padres biológicos. La reparentalización* consiste en aprender a cuidar de uno mismo y atender a su niño interior. Cuanto más amemos a nuestro niño interior, más nos amará la vida a cambio.

Convertirse en un buen padre para uno mismo

Para convertirnos en un buen padre para nosotros mismos, debemos escuchar a nuestro piloto interior, el Yo*. Y escuchar su voz resulta muy difícil con toda la algarabía mental. La introspección facilita que podamos escuchar a ese líder activo y lleno de compasión.

La obra de los psicólogos estadounidenses Malcolm Owen Slavin y Daniel Kriegman confirmó que parte del Yo verdadero empieza a disfrazarse en la infancia, para conservar las verdaderas necesidades y los poderes creativos del ser cuando expresarlos es imposible.[1]

El niño depende del adulto y se adapta[2] para obtener el afecto necesario para desarrollarse, aunque este sea escaso y venga acompañado de malos tratos. El disimulo del Yo continúa en la edad adulta, ya que la persona sigue apegada a las figuras de sus padres y espera, en secreto, recibir algún día lo que le ha faltado. La esperanza ilusoria de que los padres reparen las heridas genera en nuestro interior un magma emocional de miedo, ira y tristeza.

La mente del niño es absorbente y sensible. Para seguir desarrollándose, no tiene otra opción que reprimir sus emociones y conformarse a la imagen que sus padres tienen de él. Aprende a reprimir la pena y el miedo. Una vez adulto, cuando las emociones infantiles vuelven a aparecer, se reactivan las estrategias de supervivencia adquiridas durante la infancia. Por eso, convertirse en un buen padre para uno mismo no es algo instintivo.

Ante las emociones del niño herido, la primera reacción refleja del adulto es:

- Represión o negación, con un mensaje como: «No me acuerdo» o «Mi infancia fue alegre».
- Rechazo: «Cállate» o «Es absurdo».
- Fatalismo: «Sí, pero no hay nada que hacer».
- Crítica o condena: «No soy buena persona» o «Estoy juzgando».
- Racionalización: «He sufrido menos que otros», «Mis padres lo hicieron lo mejor que supieron» o «Las cosas eran así en aquella época».

Todas estas estrategias indican dificultades para convertirse en padre de uno mismo y revelan un apego tóxico a las figuras parentales y a los preceptos educativos nocivos sufridos durante la infancia.

Ser un buen padre para uno mismo consiste en responder con empatía y bondad a las necesidades del Yo verdadero y es una etapa fundamental si queremos forjar relaciones más serenas y enriquecedoras. Lucia Capacchione aclara que: «Ahora se acepta que dirigir toda nuestra capacidad atencional y afectiva (la de nuestro padre atento) hacia los demás, a expensas de nosotros mismos, nos precipita a relaciones de codependencia».[3]. La codependencia es un conjunto de conductas inadecuadas (querer cambiar al otro, negar las necesidades propias, adoptar el rol de salvador, etc.) en el marco de una relación con una persona dependiente.

El segundo miedo relacional: miedo a ser juzgado

El niño interior exiliado vive recluido en un pasado lejano. Está aislado y ha perdido la confianza en los demás. El miedo a los demás es una defensa que oculta una herida básica durante la infancia: la falta de amor.[4] Esta herida es universal y, sin embargo, pocas veces se reconoce: reprimirla envenena las relaciones. Cada vez que no se trata a un niño como a una persona completa, siente falta de amor y crece con un miedo inconsciente al otro.

Muchos adultos siguen reaccionando a partir de este miedo. Temen no recibir lo que ya les faltó de niños: amor, consideración, escucha, atención, incluso una mera respuesta a sus necesidades, etc. Sus conductas y sus exigencias hacia el otro reflejan su incapacidad para satisfacer sus propias necesidades. Una mujer, que no consigue sentirse segura de sí misma, exige a su marido que la llame varias veces al día. Un hombre, siempre nervioso y precipitado, vive a cien por hora para escapar de la sensación de vacío que le asalta. Tras estas conductas se ocultan necesidades reales. ¿Por qué nos cuesta tanto responder a nuestras necesidades? Con frecuencia, es por el miedo a ser juzgados.

¿En qué consisten esos juicios que penden sobre nuestras cabezas como una espada de Damocles? Si los escuchamos, nos damos cuenta de que son muy numerosos y que exigen obediencia y conformidad al marco familiar, cultural y social de origen. Además, hay uno que prevalece sobre todos los demás: el egoísmo. Cuando cuidamos de nosotros mismos y de nuestras necesidades, hay una vocecilla que no tarda en hacer su aparición: «Eres egoísta», «Solo piensas en ti»...

El testimonio de Emmanuel

“Mi madre me martilleaba con eso constantemente. Sin embargo, esa voz ha dejado de sonar en mi interior. Se ha callado. Descubrí una verdad muy sencilla: todo lo que hacemos, lo hacemos en primer lugar por nosotros mismos. El gran psicoterapeuta estadounidense Irvin Yalom añade: "Descubrirá que no hay nadie que haya actuado jamás de una forma completamente altruista. Toda conducta está dirigida a uno mismo, todos los favores son primero para uno mismo y todo el amor se ama a sí mismo".[5] El individualismo sano consolida la autonomía del Yo y defiende la especificidad de cada uno en tanto que persona.”

El miedo a ser juzgados nos remite a una carencia en los cimientos de nuestra identidad. Repita en voz alta y varias veces: «Soy un ser humano, vivo y único». No se preocupe por quienes puedan acusarle de egoísta. Reflexione sobre la definición de Anthony de Mello, sacerdote jesuita y psicoterapeuta de origen indio: «El egoísmo consiste en exigir a los demás que vivan su vida tal y como la entendemos nosotros [...] en función de nuestros gustos o en nuestro beneficio, o para nuestro orgullo o nuestro placer».[6] Pensar así transformará inevitablemente la percepción que tiene de sí mismo y de los demás.

Por lo general, quienes condenan el egoísmo son quienes más convierten al otro en un objeto. «Eres muy egoísta» o «Solo piensas en ti» son exigencias apenas disimuladas: «Ocúpate de mí antes que de otra cosa» o «Sacrifica tus necesidades por las mías». La próxima vez que alguien le reproche su egoísmo, reflexione sobre sus motivaciones internas. ¿Desea que el otro esté a su servicio o, sencillamente, ha expresado y defendido sus necesidades individuales?

Todo lo que hacemos, lo hacemos en primer lugar por nosotros mismos. Si escuchamos a nuestro niño interior y no exigimos nada al otro, contribuimos a la vivencia* y a las relaciones sanas. Podemos expresar nuestras necesidades y escuchar las del otro. Si obedecemos al niño adaptado* interior que reclama sus derechos ante los demás, alimentamos el miedo y la violencia en la relación que mantenemos con nosotros mismos y con los demás.

Su niño interior está ahí, en lo más profundo de su ser. Necesita de un padre bueno que le ponga en primer lugar. Le espera con impaciencia y anhela su amor. Tal y como subraya Alice Miller, todos necesitamos vivir la experiencia de amar a nuestro niño interior. De otro modo, no sabremos jamás lo que significa realmente la palabra «amor».

¿Cómo se llega a la reparentalización?

«El niño sigue viviendo en nuestro interior, está ligado a nosotros: está ahí en todo momento, con toda su vitalidad y dimensión interior. Solo espera a que le reconozcamos de forma plena y consciente».

Jeremiah Abrams

Niki de Saint Phalle, una reparentalización ante el mundo

Niki de Saint Phalle fue una pintora y escultora francesa de fama mundial. Nació en 1930 en Neuilly-sur-Seine en una familia de la alta burguesía y en 1994 reveló su fisura en el libro *Mon Secret* (Mi secreto). Su padre, un banquero respetado y con valores morales estrictos, la violó cuando tenía once años. Toda su obra fue un proceso de curación psicológica y de reparentalización*. Su exposición *Les Tirs*, en 1961, fue un acontecimiento mundial. Llenó tubos con pintura de colores, los cubrió de yeso y los fijó a una plancha. Entonces, los destrozó a tiros de escopeta. Y así surgieron las obras. Esta técnica, una verdadera *performance* artística, fue una puesta en escena de la violencia que sufrió de niña y un modo de devolvérsela a su padre (los tubos son un símbolo fálico). En aquella época, declaró que: «El corazón humano alberga el deseo de destruirlo todo. Destruir es afirmar que existimos respecto y contra todo».

Prosiguió su proceso de curación con sus famosas *Nanas*. Estas esculturas, cada vez más grandes, cuentan con atributos femeninos desmesurados (senos, nalgas o genitales). Esta reconquista de su propio cuerpo se consolidó en 1966. Expuso en Estocolmo una mujer monumental, de veintiocho metros de ancho y seis metros de altura. Los visitantes se introducían por los genitales en el interior de esta mujer acostada boca arriba y con las piernas abiertas. Así escenificó su sufrimiento infantil al tiempo que generaba un proceso único de fortaleza emocional.[7]

Herida por el abuso y la violencia de su padre, Niki exorcizó su miedo y su angustia. Para responder a su necesidad de seguridad, a partir de 1979 emprendió un proyecto titánico, el *Jardin des Tarots*. Alcanzó su forma más lograda con la *Nana impératrice*, una escultura habitable, una vivienda increíble en la que vivió con su familia durante muchos años.

Los abusos sexuales contra un niño matan el alma, lo que provoca un estallido del Yo. Los miles de pedazos de espejo que constelaron las paredes de su nueva vivienda simbolizaban su Yo fracturado. La *Nana impératrice*, como una buena madre, reparó en su vientre maternal y acogedor lo que había sido herido y dislocado. Niki de Saint Phalle defendió a través de su obra el derecho a recuperar todo el poder sobre sí misma y sobre su vida.

La simbolización en el corazón de este proceso

Toda la obra de Saint Phalle es una ilustración extraordinaria del poder curativo de la simbolización. Cuando las palabras son insuficientes, el acto de simbolizar restablece la conexión con nuestro niño interior. Podemos representar sensaciones, emociones, sentimientos, heridas, pérdidas, ausencias, etc. La simbolización tiende un puente, una pasarela entre el consciente y el inconsciente. Nos permite dialogar con el mundo interior y forjar un vínculo más vivo, con más amor y más energía con uno mismo, para recuperar el poder de curarse a uno mismo.

Utilizamos la simbolización en nuestro trabajo con el niño interior desde 1990. Las transformaciones y los beneficios que hemos constatado confirman su eficacia y su importancia. Es necesario que simbolicemos algunas de las dimensiones del niño interior si queremos escucharlas, tranquilizarlas y curarlas.

El niño interior exiliado es un niño atemorizado y vulnerable. Vive en un mundo de miedos fundamentales que el adulto oculta tras un falso Yo*. Simbolizar una parte del niño interior es la mejor manera de responder a sus carencias emocionales precoces.

El problema no reside en el miedo en sí mismo, sino en el lugar que le otorgamos.

El testimonio de Marie-France

“A veces, me da miedo que mis vecinos hagan demasiado ruido. Cuando lo hacen, siento que me invaden y que entran en mi intimidad. Es una impresión (ilusión) muy desagradable que activa mi angustia. Soy la pequeña de ocho hermanos y oí a mi madre repetir en múltiples ocasiones que solo había querido dos hijos. Entonces, añadía con orgullo que, aun así, había conseguido educarnos bien, porque jamás nos había cogido en brazos. Aunque es cierto que en aquella época había teorías educativas que animaban a los padres a no coger en brazos a sus hijos, la pequeña Marie-France sufrió mucho por la falta de atención y afecto maternos. Ahora sabemos lo importante que es coger a los bebés en brazos,[8] porque responde a la profunda necesidad de contacto, arrullo y apego entre el niño y la madre. Ahora, hay una parte de mí que sigue inquieta. Cuando me angustio, voy a buscar el peluche que simboliza a mi niña interior y tranquilizo a la pequeña Marie-France. Le murmuro que estoy ahí y que voy a cuidar de ella. La angustia desaparece en cuestión de minutos. Así asumo mi función de buena madre y cuido de mi parte más frágil y vulnerable. El sufrimiento y las necesidades de la pequeña Marie-

France son legítimos. Merecen una escucha atenta, palabras dulces y de consuelo, y brazos acogedores.

Cuando tranquilizo a mi niña interior, me doy permiso para, en tanto que adulta, vivir libre y dejar de estar paralizada por la angustia y el miedo. ”

El ejercicio del día: simbolice a su niño interior atemorizado

Simbolizar exige paciencia. Es un acto muy potente y por eso hemos esperado a llegar a estas alturas del proceso. El niño interior es una metáfora psicológica demasiado amplia como para simbolizarla en su totalidad: le sugerimos que represente únicamente a la parte atemorizada de su niño interior. Estas son las fases principales que ha de seguir:

Fase 1. Contacte consigo mismo. Solo podemos simbolizar lo que sentimos. No es un acto intelectual. Puede simbolizar a su niño atemorizado o, si la imagen no le resulta evocadora, un miedo antiguo que siga presente en usted. Esta emoción le servirá de puerta de entrada a su niño interior. Por ejemplo: miedo a la oscuridad, miedo a perder al otro, miedo a sufrir...

Fase 2. Represente lo que vive en usted. Se trata de sacar al exterior lo que vive en su interior, para poder establecer una relación con ello. Esta etapa consiste en representar el miedo o el niño atemorizado fabricando un objeto representativo con materiales de su elección. No tiene que ser bonito ni estar bien hecho. Es la expresión de lo que vive en usted. Dedique todo el tiempo necesario para confeccionarlo.

También puede elegir un objeto que ya exista (y que no pertenezca a otra persona). Los participantes en nuestros seminarios suelen optar por un peluche. El proceso requiere tiempo. Sabrá cuándo es el momento adecuado para comprarlo, porque sentirá que es el peluche quien le elige a usted, no al contrario.[9]

Para simbolizar lo que vive en nosotros no podemos usar a otro ser vivo, ya sea persona, animal o planta. No podemos poner a nuestro servicio a un ser vivo. Sin embargo, sí que puede utilizar elementos de la naturaleza a los que pueda acceder sin violencia (una rama caída, una flor ya cortada, un caparazón de caracol ya vacío...). La simbolización calma y apaga el fuego emocional.

Fase 3. Comuníquese mediante la simbolización. Esta etapa es la más chocante. Se trata de establecer una relación con el objeto a través de acciones concretas (escribirle un poema, pasearse con él, ponerle música, etc.). Poco a poco, el objeto empezará a «hablarle». Obsérvele y hágale preguntas; así tejerá un vínculo y establecerá una comunicación profunda con distintas partes de usted. No las analice. Limítese a escuchar las sensaciones, las palabras o las frases que surjan. Valide el mensaje sin juzgarlo ni etiquetarlo.

También puede expresar facetas psicológicas no relacionadas con la simbolización. Vuelva al día 6 (p. 57) para tomar conciencia de ellas. ¿Es un padre o un líder autoritario? Un jefe (juez, crítico, víctima...)? ¿Un bombero emocional que apaga la emoción? ¿Un niño adaptado que exige un padre real?

Estos estados del yo actúan como protectores inadecuados para impedirle contactar con el sufrimiento original. Puede decirles: «Hoy soy la persona más indicada para ocuparme de mi miedo y de mi niño interior». El acceso a su niño interior depende de lo profunda que sea su intención.

Fase 4. Cuídese. La última etapa es vital. El símbolo que ha creado necesita que lo honre y lo respete. Concédale la importancia que merece y establezca una relación cotidiana e importante con él. Si es un peluche, puede dormir con él al lado. Actúe con el símbolo tal y como lo haría un buen padre con su hijo.

Hace unos años, acompañamos a Pascale, que había forjado un vínculo profundo con su peluche. Dormía y comía con él y se lo llevaba al cine. Un día, incluso le compró una entrada para el teatro. Pascale sufrió maltratos durante su infancia y siguió un proceso de curación único. Al concederle a su peluche el estatus de persona completa, restableció un vínculo vivo consigo misma y con sus necesidades. En sus propias palabras: «Mi peluche representaba a la pequeña Pascale herida y me salvó la vida. Recuperé la integridad y la alegría. Me di permiso para vivir plenamente. Siento que en mí existe el amor. Al principio me parecía una locura. Hablar con un peluche me parecía delirante. Luego, fui consciente de que verdaderamente representaba una parte de mí. Ahora, sigo viviendo con la pequeña Pascale. Su bienestar, sus necesidades y sus miedos son prioritarios para mí».

Fase 5. Y luego llega el momento... en que la simbolización ha hecho su trabajo. El objeto transicional ya no es necesario. Una vez restablecido, nutrido y respetado el vínculo con uno mismo, la simbolización ya no vibra con la misma intensidad. Ha llegado el momento de la gratitud. Agradézcale que le haya proporcionado una base de estabilidad. Si es un peluche, guárdelo con esmero. Si es un elemento de la naturaleza (guijarro, rama...), devuélvalo a la naturaleza. Si es un objeto que ha creado usted mismo, guárdelo o desmóntelo con respeto.

La simbolización permite asumir responsabilidad. Conduce a la autonomía y a la curación.

1. Conclusiones de Malcolm Owen Slavin y Daniel Kriegman en *The Adaptative Design of the Human Psyche: Psychoanalysis, Evolutionary Biology and the Therapeutic Process*, Guilford Press, 1992; explicadas por John Bradshaw en *Découvrir ses vraies valeurs, op. cit.* (pp. 90-93).
2. Remitimos al lector a la descripción del proceso de adaptación en nuestro libro anterior, *Réveillez vos ressources intérieures, op. cit.* (pp. 128-134).
3. Capacchione, Lucia, *Faites vivre votre enfant intérieur – Jeu, dialogue et art-thérapie*, Le Souffle d'or, 1994 (p. 115).
4. Exploramos la herida de la falta de amor en el libro *Réveillez vos ressources intérieures, op. cit.* (pp. 34-42).
5. Yalom, Irvin, *Et Nietzsche a pleuré*, Le Livre de Poche, 2010.
6. Anthony de Mello, *Quand la conscience s'éveille*, Albin Michel, 2002 (p. 119).
7. La fortaleza emocional es «la capacidad de una persona para desarrollarse en un entorno que debiera haber sido perturbador». (Boris Cyrulnik).
8. Coger en brazos a los bebés ofrece beneficios terapéuticos esenciales, porque sirve de «contenedor» físico y emocional.
9. Detallamos el proceso de adopción de un peluche en el libro *S'ouvrir à son coeur d'enfant op. cit.* (p. 191).

¡BASTA YA DE... TENER MIEDO!

DÍA 12

Vivir con los demás

Los retos de las relaciones

«Para ser adulto,
hay que liberarse de los lazos de sangre, de país y de raza».

Erich Fromm

¿Quién es el otro?

Somos conscientes de que, en nuestro trabajo terapéutico de acompañamiento, ya sea individual o en grupos, solo conocemos a una parte ínfima de la persona. El ser humano es un misterio, y la relación, un terreno de descubrimientos apasionantes.

Descubrir al otro calma nuestros temores. Todos los seres humanos tienen necesidades, emociones y heridas análogas. Es crucial que nos vinculemos a ese núcleo de humanidad común para evitar que las especificidades de la emoción de cada uno levanten muros insuperables. El aprendizaje de la relación confiere al otro el estatus de aliado: deja de ser nuestro enemigo.

La relación con el otro es fundamental y refleja el grado de intimidad que hemos establecido con nuestro niño interior. Es imposible establecer relaciones sanas con los demás si la relación con nosotros mismos no está clara.

Dos de las ideas fundamentales de Carl Gustav Jung ocupan un lugar privilegiado en el proceso que hemos iniciado:

- La exploración de la sombra interior conduce a la luz.
- La aventura interior es la esencia de todo éxito.

La relación con el otro pone de relieve ambas dinámicas.

Explorar la sombra

El testimonio de Emmanuel

"Durante una sesión individual, Charlotte, de cuarenta y cinco años de edad, me dijo con una gran sonrisa:

"Me doy cuenta de que, con frecuencia, los hombres se sienten atraídos por mí".

—¿Y qué sientes cuando eso sucede?

—Me encanta. Sé que entro en un juego de seducción. Debo de producir feromonas y los hombres las perciben.

Le propuse que recordara la última vez que había sucedido.

"Estaba en una fiesta en casa de unos amigos. Estaba a gusto. Un hombre tocaba la guitarra y conversamos y cantamos juntos. Era muy simpático y estábamos en la misma longitud de onda. A media fiesta, me escabullí y me fui sin despedirme. ¡Pude escapar Menos mal...

—¿Por qué?

—Porque no quería que las cosas fueran más allá y percibía su deseo.

—¿Y el tuyo?

—¿Qué quieres decir?

—Que si sentiste tu propio deseo.

—¡Claro que no! No soy una de esas.

—¿Una de cuáles?

—Bueno, pues una mujer fácil, una prostituta... ¡Es inmoral!

—Si te he entendido bien, ¿atender al propio deseo es inmoral?

—Sí, claro.

La sesión terminó. Charlotte parecía nerviosa. Una semana más tarde, me contó un sueño: «Entro por una puerta y entro en un paisaje bellísimo. Aparece una mujer y empiezo a elevarme, como si fuera un ángel. Entonces, la mujer me llama, para enseñarme un lago. Vuelvo a bajar y me poso sobre el agua, oscura. Primero veo mi propio reflejo, pero luego veo perros en el fondo. Son criaturas infernales. Gruñen. Tengo miedo. La mujer me da una bolsa llena de carne fresca y me ordena que los alimente..., y entonces me desperté de golpe».

Le pedí que dibujara las imágenes más importantes de su sueño con la mano no dominante. Los perros del fondo del lago estaban en el centro del dibujo. Representaban las pulsiones que rechazaba. Su parte femenina, encarnada por la mujer que la llamaba, le pidió que atendiera a sus pulsiones. Alimentarlas con carne fresca fue una invitación a que las calmara y las superara. Al parecer, a Charlotte le costaba asumir su parte femenina que sentía deseo. Su inconsciente la exhortaba a que explorase su sombra."

Gracias a este trabajo, pudo aclarar los vínculos de fidelidad invisibles que había tejido con su educación. Sus padres le habían transmitido una visión vergonzante del deseo que había dado lugar a todo un magma de miedos. Miedo a su propio deseo, miedo al deseo del otro, miedo a la intimidad con los hombres...

Toda relación supone una confrontación. Todos percibimos en el otro una parte de nosotros mismos, y a la inversa. Cuando el miedo nos domina, proyectamos sobre el otro las subpersonalidades que no nos gustan, que hemos olvidado y que no asumimos, porque nuestro Yo ideal se niega a reconocerlas. A Charlotte le gustaba que la vieran y sentirse deseada, pero cuando sentía el deseo del otro con demasiada intensidad, escapaba. ¿Por qué? Porque ella había encadenado su propio deseo. Permanecía en la sombra y representaba un peligro. Cuando conoció al guitarrista, no quiso asumir el riesgo de la relación. Sus miedos encadenaron no solo sus pulsiones vergonzosas, sino también su capacidad para forjar una relación.

El otro es un espejo de nuestra propia sombra, de lo que no queremos ver en nosotros.

La aventura interior

El cerebro humano es empático y neurosocial.[1] El vínculo empático consiste en conectar con lo que está vivo en nosotros mismos y en el otro. La empatía permite, en palabras del psicólogo humanista estadounidense Carl Rogers, «vivir al nivel de la fraternidad de los hombres». Para poder abrirnos a los demás, es fundamental que estemos en contacto con el niño interior.*

Hay quienes sienten la llamada de su niño interior, pero que no saben si lanzarse a esa aventura. ¿Por qué? Porque temen el sufrimiento y tienen miedo a hacerse daño. Al principio, la idea de volver a conectar con el niño interior puede generar ansiedad. En la consulta, nos dicen con frecuencia: «Claro que quiero conectar con mi niño interior, pero solo con la parte alegre y creativa». El niño interior nos plantea una pregunta esencial: «¿Qué tipo de persona eres, si no puedes amar y sentir compasión por el niño frágil y herido que hay en tu interior?». Esta pregunta nos llama a atender y a ser responsables de nuestro niño interior y de sus necesidades.

La aventura interior es un regreso al hogar. Dar la mano al niño, escucharlo y darle permiso para que se exprese plenamente es fuente de alegría y de plenitud. Todos poseemos un impulso vital* que, con demasiada frecuencia, se convierte en una energía destructiva y en violencia relacional. Cuando nos enfrentamos al otro o intentamos dominarlo, nos negamos a experimentar la intimidad. Nos da miedo volver a casa, a nuestro interior. Desconocemos que el niño interior herido simboliza una parte de nuestra vivencia* que ha quedado bloqueada. Cuidar del niño interior es un regalo, el regalo que le hacemos a la vida. Somos responsables de cómo tratamos a nuestra vida.

Cultivar relaciones sanas

«Mejorar nuestras relaciones
mejora nuestra salud mental».

William Glasser

El tercer miedo relacional: el miedo a la diferencia

Como todos albergamos un deseo secreto de prolongarnos en el otro, la diferencia nos asusta. Aceptar la alteridad exige que renunciemos a algunas de nuestras representaciones, creencias y certezas. Aunque rechazar lo que no se conforma a nuestra percepción pueda parecer más sencillo, también es mucho más destructivo.

Claude, de treinta años de edad, provenía de una familia tradicional y católica practicante. Sufría mucho, porque vivía en secreto su identidad homosexual. Como quería curar su malestar, se confesó a un sacerdote, que le indicó que buscara «tratamiento para su mal». Sin embargo, cuando le confesó que ya había mantenido relaciones sexuales con otros hombres, cambio de tono radicalmente y le espetó que era «una abominación, un pecado mortal. Debes volver al camino del Señor cueste lo que cueste». Claude esperaba recibir apoyo y encontrar una solución. Cuando vino a vernos, se sentía totalmente desamparado. Entonces, le pedimos que conectara con el Claude de seis años e edad, que le dijo: «Me gustan los chicos. Para mí, es algo natural y cuento contigo para que podamos vivir felices juntos». La experiencia fue una verdadera catarsis. Hasta ese momento, se había sentido obligado a ser otra persona. Respetar sus necesidades y sus valores le daba tanto miedo como vergüenza. Cuando escuchó a su niño interior, pudo, por fin, expresar toda su pena y su dolor. Algunas sesiones más tarde afirmó. «Quizás no conozca a Dios, pero me conozco a mí mismo. Ahora sé quién soy de verdad. Soy homosexual. Forma parte de lo que soy. Mi misión es asumirlo, para que el pequeño Claude sea libre y feliz».

Este proceso nos emocionó profundamente y nos recordó lo importante que es aceptar la diferencia. Nuestra propia experiencia de pareja es una historia de tolerancia y comprensión. Al principio, percibimos nuestras diferencias como un obstáculo enorme: la diferencia de edad, el origen social, la educación, la cultura, la distancia los puntos de referencia... (*Marie-France*: «¿Recuerdas cuando en mayo de 1968...?», *Emmanuel*: «¡En 1968 aún no había nacido!».) Aprendimos a acercarnos. El escritor y erudito francés Jacques de Bourbon Busset decía que «El amor es cuando la diferencia no separa».

El miedo a la diferencia hunde sus raíces en la incapacidad para conciliar la realidad de una conciencia humana compartida y las especificidades únicas de cada persona. El miedo al otro, bajo todas sus formas, refleja un sentimiento de aislamiento profundo y una agresividad latente.

El otro es un espejo de la especificidad y unicidad de la especie humana.

Las necesidades relacionales

Hay ciertas necesidades vitales en la relación con uno mismo si queremos tender un puente entre el adulto y el niño interior. Usaremos la terminología de Jacques Salomé,[2] para enumerar las siete necesidades relacionales en las dinámicas intrapersonales.

- Necesidad de ser reconocido. Su niño interior necesita ser valorado como una persona completa, por lo que es en realidad y no por lo que se espera de él.
- Necesidad de expresarse. Su niño interior necesita expresarse sin ver negadas, distorsionadas o reprimidas ni sus palabras ni su verdad interior.
- Necesidad de ser escuchado. Su niño interior necesita que le escuchen a la edad que tiene, en cuanto a emociones, sentimientos, percepciones y necesidades, sin que se le interprete, modifique o discuta.

- Necesidad de ser valorado. Su niño interior necesita ser importante para usted por quién es, no por lo que hace o deja de hacer.
- Necesidad de intimidad. ¿Y si comenzara a vivir un mínimo de diez minutos de intimidad diarios con su niño interior? Pregúntele cómo está, qué necesita, qué le gustaría... Comparta con él las decisiones que deba tomar. Necesita los consejos de su niño interior si no quiere convertirse en un adulto solemne, hiperactivo y aburrido.
- Necesidad de crear y de influir. El niño interior simboliza el Yo libre y creativo. La creatividad permite expresar la esencia verdadera. El juego y la creación son los pilares de la realización del Yo. Cuando creamos nuestra vida, influimos de forma natural sobre nosotros mismos y sobre el mundo.
- Necesidad de soñar, de tener esperanza. Su niño interior le murmura: «necesito que inventemos juntos un mundo mejor». El sueño y la esperanza se apoyan en uno de los principales recursos creativos. La imaginación. Cuando imaginamos cómo crear lo mejor a nuestro nivel, contribuimos al bienestar de toda la humanidad.

El miedo al otro

El miedo contamina las relaciones sanas con el otro. Todos los sistemas humanos (familia, empresa, sociedad, etc.) uniformizan a las personas y alimentan el miedo al rechazo, el miedo a ser juzgado y el miedo a la diferencia. Una comunicación pobre no ayuda a instaurar una higiene relacional basada en el respeto a las personas y a la vida.

Cuando tenemos miedo al otro, no conectamos con una persona, sino con una conducta que interpretamos. Hay conductas verdaderamente inadecuadas o violentas. Otras revelan partes de uno mismo que preferimos no ver y no reconocer. Es posible que la actitud del otro no se corresponda con lo que creemos o con lo que esperamos. En cualquier caso, confundir a una persona con su conducta es perjudicial para la relación. Si confundimos a la persona con su comportamiento, dejamos de verla y ya no podemos comunicarnos con ella.

Responsabilizarse

Vivir con el otro significa haber conectado con uno mismo y haber establecido una relación íntima con el niño interior. El vínculo con el niño interior permite estar más presente y ser más consciente. Cada uno es totalmente responsable de su propia conducta, de sus emociones, de sus actos y de sus reacciones ante los demás. Uno de los errores más habituales cuando estalla un conflicto es repartir las responsabilidades entre dos. A veces, no es más que una estrategia para poder ocupar la posición de víctima. Responsabilizarse permite dar, recibir, pedir, aceptar o rechazar desde el respeto a uno mismo y al otro.

Jacques Salomé nos recuerda que «Soy parte activa en todo lo que me sucede desde que nazco hasta que muero, y evito acusar a nadie de lo que suceda en mi vida, porque sé que tengo la posibilidad de descubrir qué significa, los retos y los mensajes posibles».[3]

El ejercicio del día: comuníquese con el otro sin miedo y sin violencia

Este ejercicio se inspira, en parte, en el proceso de la CNV (Comunicación No Violenta) de Marshall Rosenberg, que explica cómo conectar con el otro.[4] Le proponemos que practique el arte de conectar consigo mismo, para poder abrirse al otro sin miedo. Este ejercicio se practica en la relación con el otro.

Fase 1. Observación. Observe qué ve, qué escucha, qué dice, qué hace, qué recuerda y qué imagina. Céntrese en usted mismo y evite analizar o juzgar. Si sucediera, acepte las interpretaciones, juicios y reproches con bondad.

Fase 2. Emoción. Tome conciencia de lo que siente ante lo que observa. ¿Qué emoción es? ¿Qué sentimiento? ¿Qué sensación?

Fase 3. Introspección. Es una etapa muy necesaria y puede llevarla a cabo mientras está ante el otro. Si las observaciones desencadenan emociones demasiado intensas, apártese físicamente. Le sugerimos que diga en voz alta la siguiente frase: «No me encuentro bien. Necesito que interrumpamos unos instantes la conversación, para averiguar qué me pasa». No siempre es fácil asumir la responsabilidad de lo que uno siente. Con frecuencia, seguimos con la conversación, con lo que corremos el riesgo de encontrarnos mal, de que la emoción nos desborde o de empezar a intercambiar reproches.

Fase 4. Reparentalización*. Entre en contacto con su niño interior. Llámelo por su nombre. Pregúntele lo siguiente y escuche las respuestas con mucha atención: «Pequeño/a... ¿Qué te pasa? ¿Qué sientes? ¿Qué necesitas? ¿Cómo puedo ayudarte a conseguirlo». Pueden pasar dos cosas.

- A. El contacto con su niño interior revela una herida del pasado. Dígale que entiende su sufrimiento y que quiere ayudarlo. Su niño interior cuenta con usted y le reconoce como la única persona apta para ser un buen padre para él. Esta etapa resulta tranquilizadora y exige que pase a la acción.
- B. SSi el niño expresa ira, rencor u odio hacia el otro, ha conectado con el niño adaptado* (en lugar de con el niño interior). El niño adaptado está totalmente orientado a los demás, con expectativas y exigencias injustificadas. Ya no está relacionándose con el otro, sino con sus carencias pasadas. Si es así, distánciese, porque se arriesga a destruir la relación. Vuelva a acercarse al otro cuando se haya tranquilizado.

Fase 5. Necesidad y posicionamiento. Exprese su necesidad y posiciónese: «Necesito.... Y, por eso decido... o le doy importancia a...». La satisfacción de sus necesidades no tiene nada que ver con el otro. Valide sus necesidades y acepte responsabilizarse de ellas. Así movilizará sus recursos personales para satisfacerlas.

Si el niño adaptado ocupa todo el espacio, explique a la otra persona lo que le sucede. Por ejemplo: «Una parte de mí se enfurece cuando oye lo que dices» o «Esa conducta ha despertado la parte de mí que no se siente reconocida».

Fase 6. La petición. Permite que nos posicionemos sin dejar de tener en cuenta al otro. «¿Podrías explicarme qué quieres decir con...» o «¿Estás de acuerdo con...».

Si siente que su petición deja al otro sin libertad para expresar sus emociones o sus elecciones, vuelva a la etapa 3 y haga introspección. A veces, vale la pena interrumpir la comunicación si somos incapaces de tranquilizarnos. El principal enemigo de la comunicación es querer tener razón a cualquier precio.

Acuérdese de reflexionar sobre cuál es su intención en relación con el otro. ¿Quiere relacionarse con él o ella para brillar, para conseguir algo? ¿Desea realmente una relación con esa persona? ¿Se siente obligado a mantener esa relación?

1. «Esto significa que las neuronas resuenan sin cesar con las de los demás; nuestros interiores respectivos están en comunicación directa. Es decir, nuestros circuitos neuronales están diseñados para conectarse con otros». Extracto del libro Cyrulnik, Boris; Bustany, Pierre; Oughourlian, Jean-Michel; André, Christophe; Janssen, Thierry; van Eersel, Patrice, *op. cit.* (p. 67).
2. La obra de psicólogo social Jacques Salomé sobre las necesidades relacionales es básica. Su libro *La ferveur de vivre, op.cit.*, es una síntesis magnífica de sus ideas y de su experiencia.
3. Jacques Salomé, *Le Courage d'être soi, op. cit.*
4. Encontrará una síntesis del proceso de la CNV en la obra de Marshall B. Rosenberg, *Spiritualité pratique, op. cit.* (pp. 87-88).

QUINTA PARTE

Los miedos fundamentales

> Hay miedos fundamentales, que son la herencia de la experiencia humana. El miedo a la separación, el miedo al cambio y el miedo a desaparecer. Son los pilares de un único miedo que todas las personas afrontamos antes o después: el miedo a morir. Afrontar estos miedos es una experiencia iniciática potente, regeneradora y vivificante.

DÍA 13

La separación

La historia de la niña perdida

«Cuando el alma desea conocer algo,
proyecta una imagen delante de sí y la penetra».

Maestro Eckhart

La llamada de la vida

El testimonio de Emmanuel

“Hace tres años, Zoya una joven de treinta y seis años, dinámica y tenaz, cuyo nombre significa etimológicamente «vida», acudió a mi consulta para encontrar a su niño interior. Se sacó del bolso algunos libros de referencia sobre el tema y declaró: «Quiero vivir esta experiencia». Quedé sorprendido por su determinación y su fe. Con prudencia, le expliqué las dificultades con las que podía encontrarse: «El camino hacia el niño interior no es un trayecto intelectual. Requiere el desarrollo de ciertas virtudes, como el desapego y el valor, es decir, la capacidad de actuar a pesar del miedo». Zoya contestó que no podía esperar más y que estaba preparada. Escuchó esa llamada interior y emprendió su camino iniciático para recuperar su vitalidad emocional y realizarse.”

Avanzar con esfuerzo

Zoya provenía de una familia numerosa muy modesta. Era la penúltima de doce hermanos y había hecho todo lo posible para superar su situación original. Se esforzó muchísimo para poder hacer estudios superiores.

Se había dado cuenta de que tenía dificultades relacionales y la preocupaba una fobia: «Tengo miedo a los bichos. Me asusta todo lo que repte por el suelo o vuele por el aire. Soy incapaz de pasear por el bosque, porque me da la sensación de que no podré ver de dónde viene el peligro».

1 2 3 4 5 6 7 8 9 10 11 12 DÍA 13 14 15 16 17 18 19 20 21

Esta descripción me impactó y pensé: «Emmanuel, se trata de una imagen arquetípica muy potente. Explorémosla».

Por lo general, la reacción fóbica aparece durante la infancia y se programa en la parte no consciente del cerebro. El miedo es contagioso. Un niño «aprenderá» a tener miedo a las serpientes si a su mejor amigo le aterran los reptiles. O también puede copiársela a uno de sus progenitores. Los niños imitan a sus padres. En un entorno disfuncional, el niño focaliza la violencia recibida y sus miedos en un objeto temible exterior. No es imprescindible conocer el origen de una fobia para poder curarla. De hecho, la fobia puede abrir la puerta a un trauma que hay que curar.

El miedo de Zoya era invalidante, una prueba más que debía superar.

Un apoyo potente

Zoya deseaba verdaderamente superar su miedo. Le parecía muy difícil, pero su piloto interior, el Yo, la acompañaba: «Cuando decidí enfrentarme a este miedo, oí una voz potente y clara en mi interior. Aún la oigo: "Acércate poco a poco y haz fotos a los bichos"». Su ser interior la alentaba a calmar el miedo a través de la fotografía y a afrontar lo que se ocultaba detrás de él.

El vientre del bosque

La fobia a «los bichos» de Zoya se activaba sobre todo en el bosque. Los bichos que podía encontrarse en otros lugares no la asustaban tanto.

El bosque es una imagen arquetípica una imagen que oculta un contenido universal y estructurante para la psique. El bosque es «[...] un lugar de soledad, de enredo, de curación, de regresión, de altura y de obstrucción, de crecimiento espontáneo y de descomposición constante.»[1] El bosque es un espacio atemporal y original, un «desierto» que el caminante penetra en busca de visiones. También es aquí donde se encuentra la materia prima, la madera necesaria para construir cualquier cosa.

Le sugerí a Zoya un trabajo de imaginación activa[2] para penetrar en el oscuro bosque de su psiquismo. La exploración de una imagen arquetípica puede convertirse en la matriz de una transformación formidable.

Tras una fase de relajación física con los ojos cerrados, la invité a que entrara en un bosque: —Vas por un camino que te lleva a un bosque muy antiguo. Mira a tu alrededor, los árboles, el color de las hojas..., respira con tranquilidad los olores de este bosque sin edad. ¿Cómo te sientes?»

«—Tengo miedo. Cada vez hay más árboles y oigo ruidos inquietantes.

—¿A qué los asocias?

—Son como gemidos. ¡Sí, eso es! El zumbido de los insectos se parece a un lamento prolongado.

—Presta atención a ese lamento.

Al escuchar esas palabras, Zoya empezó a sollozar. Le pedí que me explicara qué veía y qué sentía

—Ya no estoy en el bosque, sino en el pasillo de casa de mis padres. Tengo seis años y estoy sola.»

La iniciación

Conectar con el niño interior es una iniciación, una «re-unión» con el Yo*. Esta etapa exige desaferrarse de lo mental y aceptar percibir la propia vida de otra manera. Le propuse a Zoya que se acercara a la niña.

«Es imposible. Me duele demasiado. Sufro. Mis padres no se ocupaban de mí, dejaron que me las apañara sola. Lo más habitual era que me dejaran en una esquina. Mi madre se felicitaba por mi obediencia y yo tenía ganas de chillar».

El adulto tiene la ilusión de que el niño exiliado se ha quedado anclado en el pasado. Ante el sufrimiento del niño, se siente paralizado e impotente.

«Zoya, pareces hipnotizada por la conducta de tus padres. Céntrate en la niña. ¿Notas qué siente?

—Dios mío, se siente perdida. Nadie le habla, nadie se ocupa de ella, nadie la escucha ni juega con ella. ¡No puedo dejarla así!».

El Yo creció con una actitud empática y bondadosa. Todos podemos aprender a cortar los vínculos tóxicos que nos atan a las conductas de otros. Es así como nace la compasión.

El don del yo

La compasión no es ni una cualidad ni un sentimiento, sino una virtud (del latín *cum patior*: sufro con él o ella). Es a la vez un don y una expresión del Yo. No existe compasión verdadera que no empiece por el apoyo amante y sin falla hacia el niño interior triste y herido. La compasión trasciende el sufrimiento y permite reconocer la parte de uno mismo que está herida.

Esta virtud despierta el corazón, nos hace más humanos y calma el sufrimiento original.

Le propuse a Zoya que se acercara a la niña de seis años y la tomara en brazos. Para que un niño se sienta amado, los padres deben llorar con él y validar y compartir su sufrimiento. Llorar se convierte en el valor de la madurez.

Libre ante la vida

Al final de la sesión, Zoya estaba radiante. Exclamó: «Me siento en paz conmigo misma y veo las cosas con más claridad». Tomó conciencia de que sus dificultades relacionales se remontaban a sus experiencias durante la infancia. Su miedo a verse sola y separada de los demás, como durante su infancia, la había llevado a adoptar actitudes poco auténticas. Concluyó: «Tengo tanto miedo de no existir para el otro que hago lo que sea necesario para volverme indispensable e inolvidable. Hago regalos, provoco...».

Durante las semanas siguientes, Zoya cambió de conducta. Asumió de una manera más sencilla y adecuada su necesidad de compartir. Con relación a su miedo fóbico, dijo que «He empezado a fotografiar insectos. Me siento mucho mejor. No resulta fácil, pero es divertido».

Cuando Zoya salió de la consulta ese día, me vino a la memoria un poema antiguo. Narra la historia de un pescador que se encuentra a un niño entre sus redes. Y el niño le dice:

«Nadie ve lo que le sostiene...
Tan débil y pequeño como soy,
en el río acunado por la espuma del océano,
el día que sientas pena, te seré
más útil que trescientos salmones».[3]

Zoya escuchó a su niño interior y liberó y redirigió gran parte de su impulso vital* para ponerlo a su servicio. La fobia se transformó en aprensión y siguió trabajándola a medida que se sentía más tranquila y libre ante la vida.

Superar la separación

«La necesidad más profunda del ser humano es superar la separación, escapar de la prisión de su soledad».

Erich Fromm

La separación original

El niño se construye en relación con el otro, con frecuencia su madre, a quien teme perder, pero de la que tendrá que separarse algún día. Al dar la vida, las madres también dan la muerte. Todo proceso vivo es una historia de separación, de finitud y de renacimiento.

Hace poco, una amiga nos explicó su experiencia. Era formadora en relaciones humanas e intervino en una escuela Montessori. Pidió a los niños que dibujaran la cosa más importante para ellos y le llamó la atención el dibujo de un niño de cinco años, que había cubierto su folio de trazos verdes. Le preguntó: «¿Qué has dibujado?» . El niño sonrió de oreja a oreja y contestó: «¡Hierba!».

Esta anécdota entrañable ilustra una de las verdades más sencillas y profundas que existen. Al igual que este niño conectado con la hierba, todos estamos interconectados con los demás, con el entorno y con la naturaleza. Jung evocaba así su relación íntima con todo lo vivo: «Hay momentos en que me siento desplegado en el paisaje y en las cosas. Vivo en todos los árboles, en el chapoteo de las olas, en las nubes, en los animales que van y vienen, en las cosas. [...] Vivo la vida grande, la vida que nace, crece y pasa».[4]

Estar conectado con todo lo vivo es más que una necesidad básica: es una realidad. Cuando crece, el niño pierde la conciencia de su conexión con lo que le rodea. El miedo a la separación nace del olvido de este vínculo.

El primer miedo fundamental: el miedo a la separación

Algunos hábitos cotidianos alimentan este miedo. La cibercomunicación (SMS, correos electrónicos, MMS, etc.) es un ejemplo de ello. Las aplicaciones de estos medios de comunicación crecen constantemente, lo que empobrece la interacción emocional. La comunicación entre personas es de una sutileza infinita. Las expresiones faciales, las palabras elegidas, los movimientos del cuerpo, la mirada, el tono de voz..., todo contribuye a la inteligencia relacional.

Una mujer nos habló hace poco de su ira y de su sufrimiento. Hacía unos meses que había iniciado una relación amorosa y su pareja le escribió un SMS para poner fin a su relación: «Prefiero que nuestra historia acabe aquí. Buena suerte». Acabar una relación por SMS es de una violencia extrema. Ella le manifestó su indignación y él se sorprendió de que ella reaccionara así. Fue el punto final.

Existe una gran confusión entre conexión y necesidad de vínculo. Los medios de comunicación han convertido a nuestro planeta en una aldea en la que las conexiones jamás habían sido tan numerosas y rápidas. Es un avance evidente, pero la relación viva, el vínculo real entre las personas tiende a desdibujarse tras la tecnología. El tratamiento tecnológico de la comunicación puede tener un efecto psicológico devastador sobre las personas y sobre las relaciones. Sin la intimidad y la empatía necesarias en las relaciones humanas, nos convertimos en no-personas.

El miedo a la separación es paradójico. Por un lado, necesitamos forjar vínculos con los demás y, por el otro y simultáneamente, tememos la intimidad natural que ello supone. Muchas personas crean distancia o incluso se separan para evitar el sufrimiento de una posible pérdida. El miedo a la separación es una pérdida anunciada, la de un padre, un amor, un niño, un amigo, un animal, etc.

Separarse de la propia esencia

Tras el miedo a la separación se halla la sensación de estar separado de la propia esencia, la nostalgia indecible por un paraíso perdido. La separación de la propia esencia es una de las heridas básicas de la infancia.[5]

La pérdida de contacto con el Yo auténtico es universal. Todos nos adaptamos para encontrar nuestro lugar en el sistema (familia, empresa, sociedad, mundo). Mientras sigamos separados de nuestra esencia, el miedo será paralizante.

El maestro indio Ramana Maharshi afirmaba que: «Olvidar nuestra verdadera naturaleza es morir; recordarla es renacer».[6] Reconectar con el niño interior nos permite restaurar las partes de nosotros mismos que hemos olvidado o rechazado. Esta reconexión nos obliga a dejar de aferrarnos a nuestra parte más mental, que nos separar y nos aísla, para acercarnos a otra faceta interna, intuitiva y espontánea, que armoniza y unifica. Se trata de una iniciación a la presencia del Yo.*

El ejercicio del día: lea las nubes

El miedo a la separación es una mutilación invisible. Superar el miedo es un aprendizaje constante. Hoy le presentamos un ejercicio lúdico y creativo que le ayudará a conectar con su interior y con el mundo que le rodea, y a movilizar recursos sorprendentes contra el miedo.

Fase 1. Espere a un día con el cielo azul sembrado de nubes. Lleve consigo un folio de papel y lápices de colores. Instálese cómodamente al aire libre, a poder ser, tendido sobre hierba. Apunte en la cabecera del folio su intención en relación con alguno de sus miedos. Por ejemplo: superar el miedo a perder a mi marido, dejar de temer que mi hija se vaya lejos, no tener miedo a dejar el trabajo... Aunque le sugerimos que trabaje el miedo a la separación, este ejercicio es aplicable a todos sus miedos.

Fase 2. Tendido boca arriba, deje volar el pensamiento mientras observa las nubes. Aparecerán animales, objetos y personajes distintos. Le contarán una historia. Escríbala o dibújela. Vaya del cielo al papel y viceversa. Acepte las palabras o las imágenes que surjan, incluso si parecen carecer de sentido alguno.

Este ejercicio es una forma de experiencia original y de reencontrarse con el espíritu de la infancia. Pregunte al cielo y recibirá mensajes de su inconsciente. Se sumergirá profunda e intensamente en el lenguaje simbólico.

Fase 3. Deje pasar unos días y relea la historia. Descubrirá, maravillado, que la lectura de las nubes le ha revelado las claves necesarias para superar el miedo. Es muy habitual que tras esta experiencia haya cambios. Ha conectado con un espacio interior sin miedo, un estado del Yo que ha modificado su percepción. No intente comprender los cómos y los porqués. Limítese a beneficiarse de ello.

Para ir un poco más allá, observe el mundo que le rodea en su día a día. Observe los rostros, los pájaros, los árboles, la hierba, los ríos, las casas..., fíjese en los detalles. Entre en contacto con el mundo. Limítese a mirar, sin que la mente analice o etiquete. La percepción habitual nos lleva a vivir encerrados en una caja, en una representación de la realidad, en lugar de en la realidad misma.

1. The Archive for Research in Archetypical Symbolism, *Le Livre des symboles – Réflexions sur des images archétypales, op. cit*. (p. 118).
2. Jung concibió el método de la imaginación activa. Consiste en explorar el inconsciente y comunicarse con distintas partes presentes (emociones, personajes imaginarios o reales, símbolos, etc.) como si se tratara de personas reales. La imaginación activa utiliza varios medios de expresión espontánea: visualización, dibujo, pintura, maquetas, escritura, baile, etc.
3. Pasaje de la leyenda de Taliésin, un bardo legendario de la mitología celta. Extracto de la obra de Joseph Campbell, *Le Héros aux mille et un visages*, Oxus, 2010 (p. 212).
4. Extraído del documental de Rüdiger Sünner, *Traversée de la nuit – Un voyage au coeur de la psychologie de C. J. Jung*, Production Atalante Film, 2011.
5. Si desea profundizar en el análisis de esta herida, consulte nuestro libro *Réveillez vos ressources intérieures, op. cit*. (pp. 74-52).
6. Cita extraída de *L'enseignement de Ramana Maharshi*, Albin Mcichel, 2005.

DÍA 14

El cambio

El muro del cambio

«Hace falta más valor para cambiar de opinión que para seguir siéndole fiel».

Friedrich Hebbel

Yo cambio/Mi vida cambia/Yo cambio/Mi vida cambia/Yo cambio/Mi vida cambia
Yo cambio/Mi vida cambia/Yo cambio/Mi vida cambia/Yo cambio/Mi vida cambia
Yo cambio/Mi vida cambia/Yo cambio/Mi vida cambia/Yo cambio/Mi vida cambia
Yo cambio/Mi vida cambia/Yo cambio/Mi vida cambia/Yo cambio/Mi vida cambia
Yo cambio/Mi vida cambia/Yo cambio/Mi vida cambia/Yo cambio/Mi vida cambia
Yo cambio/Mi vida cambia/Yo cambio/Mi vida cambia/Yo cambio/Mi vida cambia
Yo cambio/Mi vida cambia/Yo cambio/Mi vida cambia/Yo cambio/Mi vida cambia
Yo cambio/Mi vida cambia/Yo cambio/Mi vida cambia/Yo cambio/Mi vida cambia
Yo cambio/Mi vida cambia/Yo cambio/Mi vida cambia/Yo cambio/Mi vida cambia
Yo cambio/Mi vida cambia/Yo cambio/Mi vida cambia/Yo cambio/Mi vida cambia
Yo cambio/Mi vida cambia/Yo cambio/Mi vida cambia/Yo cambio/Mi vida cambia
Yo cambio/Mi vida cambia/Yo cambio/Mi vida cambia/Yo cambio/Mi vida cambia
Yo cambio/Mi vida cambia/Yo cambio/Mi vida cambia/Yo cambio/Mi vida cambia
Yo cambio/Mi vida cambia/Yo cambio/Mi vida cambia/Yo cambio/Mi vida cambia
Yo cambio/Mi vida cambia/Yo cambio/Mi vida cambia/Yo cambio/Mi vida cambia
Yo cambio/Mi vida cambia/Yo cambio/Mi vida cambia/Yo cambio/Mi vida cambia
Yo cambio/Mi vida cambia/Yo cambio/Mi vida cambia/Yo cambio/Mi vida cambia
Yo cambio/Mi vida cambia/Yo cambio/Mi vida cambia/Yo cambio/Mi vida cambia
Yo cambio/Mi vida cambia/Yo cambio/Mi vida cambia/Yo cambio/Mi vida cambia
Yo cambio/Mi vida cambia/Yo cambio/Mi vida cambia/Yo cambio/Mi vida cambia
Yo cambio/Mi vida cambia/Yo cambio/Mi vida cambia/Yo cambio/Mi vida cambia

El ejercicio del día

¿Qué siente al observar este muro de cambio? Cansancio, impotencia, ira, impaciencia, sorpresa, alegría... Atienda a las distintas voces de su sistema interior. ¿Qué le dicen? «No lo conseguiré», «¿Cambiar, para qué?», «¿Qué ganaré con ello?», «No sé por dónde empezar», «Sí, pero ¿cómo?», «Sí, es posible», «Puedo conseguirlo», «Perfecto. Vamos a respirar», «¡Estoy impaciente!», «Tengo muchísimas ideas nuevas».

¿Se ha fijado en la puerta de color que hay en el muro del cambio? Vuelva a mirarla. ¿Qué hay al otro lado de la puerta? La autorrealización. La única manera de abrir la puerta es cambiar el punto de vista y la comprensión de las cosas.

Cambiar no es una opción. Es una necesidad. En un mundo en el que todo se acelera, lo peligroso sería creer que el cambio consiste en adaptarse aún más. Muchas personas perciben que cada vez hay menos tiempo e intentan ir cada vez más rápido. Acumulan experiencias de vida en un tiempo limitado. Otras se sienten inadaptadas y ahogadas. Sin embargo, la rapidez y el estrés que podemos soportar tienen un límite. Esta carrera es una nueva forma de huir de nosotros mismos. Todo cambio procede de una relación profunda con uno mismo. Lo que transformamos en nuestro interior abre nuevas posibilidades externas. ¿Cómo podemos escuchar los cambios que se anuncian en nuestro fuero interno y afrontar y superar las distintas facetas del miedo al cambio?

Aceptar el cambio

«Todo es cambio, no para dejar de ser,
sino para ser lo que aún no se es».

Epicteto

Las etapas de la transformación

Etapa 1. Evaluar las expectativas. Tener expectativas es natural, pero es importante saber si son acertadas o no.

Claire recuerda: «Cuando suspendí dos veces seguidas las oposiciones para maestra, el suelo se hundió bajo mis pies. Estaba convencida de que me iba la vida en ello..., y mi vida perdía sentido. Estuve deprimida durante varios meses. Una mañana, me desperté con una actitud distinta. La decepción había dado paso a una convicción nueva: no estaba hecha para ese oficio. De niña, soñaba con ser cómica. Y ahora soy cómica profesional». En el caso de Claire, sus expectativas no respondían a sus motivaciones profundas. A pesar de lo doloroso de su decepción, supo reencontrar su camino.

Cuando las expectativas son fijas, nadamos a contracorriente de la vida. Una mujer se niega a aceptar que su matrimonio ha fracasado y hace todo lo posible para mantener la ilusión de pareja unida. Un hombre se endeuda cada vez más en el intento de salvar su restaurante en quiebra. Ambos se resisten al cambio y se topan contra un muro. El mundo les parece injusto y amenazador. La vida es movimiento, cambio y transformación constantes. Puede dar miedo, a no ser que la percibamos de otra manera. Siempre hay una puerta de salida que nos lleva a oportunidades nuevas.

Todas las expectativas generan miedo al fracaso. Por lo tanto, evaluar las expectativas es fundamental para vencer el miedo. Observe qué desea. ¿Es beneficioso y adecuado para usted? ¿Ejerce un poder real sobre lo que quiere?

Etapa 2. Avanzar poco a poco. Hay transformaciones que se asemejan a la cima lejana de una montaña. Aunque es importante no perder de vista los objetivos que nos fijamos, avanzar paso a paso también es sensato. Si miramos demasiado a la cima, tendremos miedo a no llegar y correremos el riesgo de abandonar el valioso proyecto que es la expresión de nuestro ser verdadero. La vida se construye paso a paso y con paciencia (la ciencia de los pequeños pasos). Es el modo de abrirse más a las oportunidades.

Etapa 3. Aceptar las pruebas. Si observa con atención la vida de los grandes creadores, se dará cuenta de que toda creación viene acompañada de proyectos fallidos y de fracasos. El director de cine Jean-Pierre Jeunet nos explicó la larga preparación de una película ambiciosa, *La vida de Pi*. Fox le contrató y se lanzó a trabajar: «A lo largo de cuatro años y medio hice más de tres mil fotografías [...]».[1] Las limitaciones presupuestarias del estudio estadounidense le obligaron a revisar su proyecto: «El director de Fox me preguntó si podría producir la película en Europa, así que durante dos meses y medio, mi equipo y yo llevamos a cabo un estudio en Europa.

[...]. Entonces, me dijeron una frase que me provocó escalofríos: "Empecemos desde cero y encontremos soluciones nuevas". En ese momento me di cuenta de que podría pasarme la vida trabajando en ese proyecto». Abandonó con pena la película, que más adelante retomaría Ang Lee.

El fracaso forma parte de la creación. Además, lo que puede parecer un fracaso es, con frecuencia, un preparativo para otra creación.

Etapa 4. Estar abierto. El cambio exige desaferrarse y estar abierto a las señales y a las oportunidades, además de tener la confianza suficiente para aceptar que desconocemos qué sucederá. Se trata de co-crear la propia existencia junto a la vida. La vida es un agente activo que nos trae lo que necesitamos bajo la forma de regalos inesperados y de encuentros. Basta con aceptar todas sus riquezas. Cómo percibimos la vida es un reflejo de la relación que mantenemos con nosotros mismos. Afrontar el mundo como una amenaza o como un enemigo cierra la puerta a las posibilidades.

Segundo miedo fundamental: el miedo al cambio

El miedo al cambio está anclado en todos nosotros y es invisible. Tras cada expectativa excesiva se oculta la voluntad de control y el miedo al cambio.

Hay transformaciones dolorosas que se imponen con fuerza y que alimentan como nunca antes el miedo al cambio. Enfrentadas a un acontecimiento inesperado, las personas pueden entrar en crisis. Una enfermedad, un accidente, la pérdida de un ser querido o un despido pueden desbaratarnos la vida entera y pulverizar todo lo que dábamos por hecho. Estas crisis nos recuerdan lo ilusorio que resulta creer que controlamos nuestra existencia. ¿Qué podemos hacer? Dar sentido no al hecho que parece carecer de él, sino a la crisis en sí.

La escritora francesa Christiane Singer decía que: «Las crisis sirven, en cierto modo, para echar abajo las puertas de las fortalezas en las que nos encerramos, con todo el arsenal de nuestra personalidad y todo lo que creemos ser».[2] La crisis señala la disonancia entre el impulso vital* y el falso yo*. Si no cambiamos la relación que mantenemos con nosotros mismos y con la vida, nos veremos sacudidos por las crisis inherentes a la existencia.

Algunas crisis son la expresión de un conflicto interno y hay que liberar, expresar y encarnar las aspiraciones al cambio. Cuando ahogamos los impulsos, sucede algo que nos obliga a la transformación y a buscar otras vías. Todos podemos transformar nuestras experiencias, incluso las más dolorosas, en percepciones nuevas. Nadie dice que sea fácil. Cierto, la vida es difícil, pero el miedo puede ser un aliado. Nos enseña a movilizar recursos que a veces desconocemos poseer, para superar las dificultades y las crisis.

Cuando aceptamos el sufrimiento y sentimos compasión por nuestro dolor, se despierta una comprensión nueva. Expresar la pena, mirarse con bondad, darse aliento y seguir caminando indica que el miedo ha dejado de ser un enemigo.

1. Artículo «Life of Pi», en http://jpjeunet.com/news/
2. Singer, Christiane, *Du bon usage des crises*, Albin Michel, 2001.

¡BASTA YA DE... TENER MIEDO!

DÍA 15
La no existencia

La historia de un derrumbe personal

«La existencia solo puede comenzar a partir de la no existencia».

Donald W. Winnicott

La historia de Théo es sintomática. Cuando el niño adaptado* tomas las riendas de una vida, el adulto atrapado camina hacia un derrumbe personal ineludible. Hemos decidido compartir con usted la trayectoria de esta vida, en forma del testimonio de un hombre que experimentó lo peor antes de renacer.

Aparentar cueste lo que cueste

«Jamás me sentí reconocido por mi familia de origen. Mi padre, mi hermana y mi hermano han tenido éxito según los criterios de estatus social y de dinero que impone la sociedad. Aunque no era consciente de ello, vivía para ser visto y admirado. Deseaba sobre todo sentirme amado. Esta carencia, este vacío inmenso fue el origen de mi carrera alocada.

»Siempre quise brillar ante quienes me rodeaban. En clase, captaba la atención de los compañeros y conseguía los premios que ofrecían los maestros. Al crecer, todo siguió igual. Me convertí en el empleado modelo, sonriente, educado y eficaz.

»Necesitaba desesperadamente gustar a las mujeres. Aparentaba amar. Sin darme cuenta, me auto convencía de que amaba. Esperaba satisfacer así mis carencias.

»Siempre me han dicho que hay que dar para recibir. Y aprendí muy bien la lección. Gastaba dinero para gustar a las mujeres y a mi familia (viajes, restaurantes, regalos..., ni me acuerdo). En mi eterna búsqueda de reconocimiento, admiración y amor, aparentaba ser feliz, rico y encantador. Y no me di cuenta de ello hasta el fatídico lunes 8 de enero de 2007».

Un golpe mortal

«Aún me veo sentado en el sofá. Abrí una carta del banco y leí que me habían congelado las cuentas. Llamé al banco y el gestor me explicó que ya no había nada que hacer. No había hecho caso a las múltiples advertencias que me habían hecho él mismo y algunas personas próximas. El mundo se derrumbó a mi alrededor y la realidad se impuso con violencia. Estaba sobreendeudado».

Depresión financiera

«Estaba solo en el mundo. Pensaba que iba a desaparecer. Tenía tanto miedo de dejar de existir, de no ser nadie... Estaba perdido y sin la menor esperanza. Lo más horrible era imaginar la decepción de mis seres queridos cuando conocieran mi verdadera cara. La imagen del Théo perfecto iba a estallar en pedazos. Estaba avergonzadísimo.

»Dormía poco y lloraba sin cesar, pero seguía aferrado a mi imagen. Durante varios días pensé seriamente en la posibilidad de suicidarme. Prefería la muerte a las miradas de reprobación y a la pena de los demás.

»Había perdido las ganas de vivir. Ante las personas que me importaban, seguía haciendo como si todo fuera bien. Cada vez estaba más triste y desesperado. Sentía que no valía nada.

»Más adelante, llamé a ese periodo sombrío mi "depresión financiera", una extraña combinación de mi malestar y mi quiebra económica».

El renacimiento

«Poco a poco inicié un proceso terapéutico a través de mi niño interior. Cuanto me atreví a desvelar mi malestar, mi vulnerabilidad, mis defectos y mis imperfecciones, la imagen que daba a los demás se desmoronó.

»Guiado por mis miedos, me había olvidado de ser yo mismo, de atender a mis necesidades naturales y de satisfacer a lo que vivía en mi interior. Pude escuchar y responder a la llamada de socorro del pequeño Théo. Me hice adulto. Asumí la responsabilidad sobre mi propia vida. No sabía que Yo no existía».

Volver a ser persona

Muchos adultos ahogan su vivencia* guiados por carencias antiguas. Sus deseos apuntan únicamente al exterior. Sus miedos llevan las riendas de sus vidas y son los síntomas de una no existencia.

Cuando no se validan las emociones y las necesidades del niño, siente miedo. El rechazo, la separación o la pérdida se vuelven angustiosos e insoportables. Una vez adulto, forjará relaciones fusionales, ya sean de pareja o de amistad en un grupo.

El niño con falta de amor y de reconocimiento sobrevive en el seno del adulto y toma el poder. El adulto, hipnotizado por las carencias y por los miedos, adopta sin ser consciente de ello estrategias, normas y valores que le prometen la felicidad. El cerebro mimético tiene la capacidad de modelar los excesos de la visión materialista y consumidora que prospera en los sistemas disfuncionales (familia, escuela, empresa, sociedad).

Los adultos sobreadaptados regresan a la etapa de preindividualización. Sus deseos de fusión, de dependencia y de posesión generan conflictos interiores. Théo tuvo que bajar a estos abismos para renacer como él mismo y redescubrir a una persona completa, humana, libre, imperfecta y feliz.

Existir en tanto que persona

«Lo que caracteriza al miedo ordinario es el temor consciente o inconsciente, pero siempre constante, a la muerte».

Jean-Baptiste Édouard Gélineau

El tercer miedo fundamental: el miedo a desaparecer

El miedo a desaparecer se expresa mediante una angustia profunda, una impresión de miedo inminente, cuyo origen encontramos en el niño y en sus angustias primarias de separación (abandono, rechazo o pérdida del vínculo) y de destrucción (pérdida de autonomía, mutilación, desaparición). En una obra sobre su infancia, Jacques Salomé afirma que: «Toda la esperanza, la luz, lo vaporoso y la miel de la infancia se pierden súbitamente en una angustia negra y se reúnen para un único esfuerzo: sobrevivir, no ser engullido. No caer, no desaparecer en un agujero negro, no ser absorbido por una falla vital, o perderme durante una noche o quedar atrapado en los laberintos de un día demasiado oscuro».[1]

El miedo a desaparecer se activa en las situaciones en las que el falso yo se ve cuestionado. Al igual que Théo, el ser humano moviliza, la mayoría de las veces, su capacidad de transformación para superar la dificultad.

El miedo a desaparecer es inherente a toda transformación. Cuando las creencias, los valores y la fidelidad a las normas familiares se hunden, es fácil tener miedo a la destrucción. Es doloroso. Cuando accedemos a nuestra verdad interior, nos despojamos de lo que creíamos ser. Ya no nos aferramos a un yo mental que se identifica con estados interiores. Nos distanciamos de él. Cuando Théo volvió a ser él mismo y empezó a escuchar a su niño interior, dejó de basar su identidad en los valores de dinero y de éxito establecidos por sus padres.

El miedo a desaparecer anuncia una transformación necesaria para realizarse. Es muy distinto del miedo a morir.

Miedo a morir

El miedo a la separación, al cambio y a desaparecer es atávico, es decir, forma parte de la herencia de la experiencia humana. Los miedos fundamentales ocultan un miedo existencial primario e inherente a todos: el miedo a morir.

Es un miedo natural. Todos los seres humanos temen morir. Quienes dicen lo contrario no conceden a su propia muerte la importancia que merece en su vida. Es necesario tener miedo a morir para vivir plenamente. El miedo a morir no significa que debamos vivir con angustia el momento de desaparecer. Podemos marchar en paz, con la sensación de habernos realizado al máximo de nuestras capacidades y competencias. En el crepúsculo de la vida, cuando estamos al borde del acantilado y a punto de emprender este vuelo único, todos sentimos un miedo natural. Y tendremos que recurrir una última vez a este aliado antes de descubrir la otra orilla.

El testimonio de Marie-France

Mi madre tuvo mucho miedo a morir durante toda su vida. Su madre había fallecido de gripe española cuando ella tenía ocho años. Ese fue el primero de muchos duelos. Sin embargo, en el momento de morir, estuvo tranquila y en paz. Me confesó que tenía miedo y le contesté: "Yo también tendría miedo". Poco a poco entró en coma, y unas horas más tarde salió de él con una sonrisa en los labios. Canturreó una cancioncilla que su padre le cantaba cuando era pequeña. Y se marchó. En el momento de morir, ya había abandonado sus fuertes creencias religiosas. No quiso que la visitara un sacerdote. Estaba presente en ella misma. Estaba radiante. La noche posterior a su muerte, oí su voz murmurar por última vez: "No te preocupes, todo está bien. Estoy bien". Ahora sé que la muerte no es más que un tránsito.[2]

El testimonio de Emmanuel

Hace poco, durante una conferencia, una mujer me formuló una pregunta acerca de la muerte. Le respondí espontáneamente: "Me daría miedo, pero eso no es lo más importante. No me iría solo. Me iría dándole la mano al pequeño Emmanuel. Y saberlo me llena de alegría y de confianza". La respuesta me salió del corazón, surgió de mi centro, y he reflexionado mucho sobre esas palabras. Sentí, una vez más, la necesidad absoluta de realizarme, de encarnar la persona que soy verdaderamente en mi interior.

Existir para no arrepentirse

La muerte nos lleva a reflexionar acerca de la responsabilidad sobre la propia vida. Bronnie Ware fue enfermera de cuidados paliativos y acompañó a muchas personas al final de sus vidas. Durante conversaciones intensas y auténticas, los pacientes le confiaron sus recuerdos, miedos y arrepentimientos. Escribió en un libro las cinco cosas de las que más se arrepentían esas personas:[3]

1. Me arrepiento de no haber tenido el valor de vivir siendo fiel a mí mismo, en lugar de vivir la vida que otros esperaban de mí.
2. Me arrepiento de haber trabajado tanto.
3. Me arrepiento de no haber tenido el valor de expresar mis sentimientos.
4. Me arrepiento de no haber mantenido el contacto con mis amigos.
5. Me arrepiento de no haberme dado permiso para ser más feliz.

Bronnie Ware afirma: «La vida es demasiado corta para contentarse con verla pasar con la excusa de un miedo que podría superarse si nos decidiéramos a afrontarlo».[4]

Reflexione sobre su recorrido vital. ¿Se arrepiente de algo? ¿De muchas cosas, de pocas? Empiece a actuar hoy mismo para invertir esa tendencia. Por ejemplo, dígale a un ser querido cuánto le quiere o llame a un amigo para hablar con él y ponerse al día.

La vida es un potencial de felicidad y de amor, de expresión y de logro que solo pide hacerse realidad. Si cuida de su vida, adquirirá el valor necesario para cambiarla y vivir en armonía con su niño interior. Valorará más los regalos que le hace la vida. Esta existencia le llevará a una muerte sin arrepentimientos.

El ejercicio del día: enfréntese a su propia muerte

Durante nuestro trabajo como terapeutas, nos sorprende lo habitual que es que las personas se muestren desinteresadas por su muerte o que huyan del tema. Sin embargo, es algo fundamental para asumir la responsabilidad sobre la propia vida.

A continuación, encontrará un ejercicio sorprendente e inspirado en una propuesta de Anthony de Mello en su libro *Quand la conscience s'éveille*.[5]

Tiéndase en el suelo. Cierre los ojos e imagine que está en su ataúd. Se acabó. Está muerto y enterrado. Observe detenidamente cómo se descompone su cuerpo, primero la carne y luego los huesos, que se convierten en polvo. Su cuerpo ha desaparecido. Muy pronto, ya no queda nada. Solo queda una conciencia tranquila y serena. Respire profundamente varias veces.

¿Qué percepciones nuevas tiene de sí mismo, de su vida y de lo que le rodea? ¿Ha cambiado algo en usted? Quizás sea imperceptible, pero dedique unos instantes a tomar conciencia de ello.

1. Salomé, Jacques, *Je viens de toutes mes enfances*, Albin Michel, 2009 (p. 191).
2. El doctor Hervé Mignot, fundador de la asociación Kübler-Ross-France, me dijo que el contacto con los seres queridos recién fallecidos son habituales al principio del duelo.
3. Ware, Bronnie, *Les Cinq Regrets des personnes en fin de vie*, Guy Trédaniel Éditeur, 2013.
4. *Ibid* (p. 371).
5. De Mello, Anthony, *Quand la conscience s'éveille*, Albin Michel, 2002.

SEXTA PARTE

Tras el miedo,

el impulso vital

> Tras todo miedo se oculta un impulso vital formidable que supera los límites del ser. Aprender a escuchar y a responder a nuestro Yo auténtico permite esquivar muchos miedos. Así dejamos circular con mayor libertad nuestro impulso vital y creativo, para realizarnos plenamente.

DÍA 16
El miedo y la vergüenza

Eliminar la vergüenza

«El rechazo del Yo por parte del Yo es, probablemente, el elemento más profundo y devastador de la vergüenza neurótica».

John Bradshaw

Paralizar los deseos

Monique tiene unos cincuenta años y se siente atrapada en su vida: «Quiero divorciarme de mi marido, porque ya no le quiero, pero no me atrevo. Me gustaría trabajar. Tengo muchas ideas para mi actividad futura, pero en cuanto tengo que pasar a la acción, me siento demasiado cansada como para hacer nada. También tengo ganas de pintar. Me iría muy bien hacer algo creativo, pero tampoco me lanzo».

Monique se siente indefensa ante la paradoja que gobierna su vida. Desea responder a sus necesidades más profundas, pero se siente impotente: «No sé por qué, pero no consigo nada. Sé lo que me conviene, pero soy incapaz de cambiar o de moverme de verdad.». Le propusimos que descubriera las motivaciones de los distintos estados de su psiquismo y las plasmara en una constelación de su paisaje interior. La constelación del paisaje interior es una herramienta muy potente a través de la que el inconsciente se expresa en el espacio y en la situación, para encontrar al niño interior* y sustituir las imágenes interiores tóxicas por imágenes de curación. En esta técnica (que hemos desarrollado durante nuestra práctica psicoterapéutica), intervienen el resto de los participantes del grupo, que encarnan a personas, emociones, sentimientos, pensamientos o símbolos. Es una manera de exteriorizar los elementos intrapsíquicos y de relacionarse con ellos. La transformación del paisaje interior modifica la realidad exterior.

Aceptó y expresó inmediatamente su deseo de ser feliz. Ante este deseo (encarnado por una persona del grupo), sintió un frío intenso que la invadió y la paralizó. Esta sensación simbolizaba lo que vivía a diario. Cuando le preguntamos qué evocaba ese frío, dijo inmediatamente: «¡Es mi padre!».

Una imagen paterna gélida

El padre de Monique era un hombre frío y distante. Ante la imagen de su padre (encarnado por otra persona), se arriesgó a preguntarle qué sentía, a lo que él respondió: «Tienes que esforzarte un poco más. Fíjate en tu madre, ella sí que trabaja». Monique se rebeló: «Sí que es mi padre, sí. Siempre con el esfuerzo. Con él, aprendí que había que ser fuerte y no mostrar las emociones jamás». Entonces, le preguntamos por su madre: «Mi madre tampoco mostraba sus emociones, pero era una mujer de corazón». La invitamos a que eligiera a otro participante para que representara a su madre.

Una imagen materna abnegada

Sin saber por qué, eligió a una persona que llevaba una camiseta curiosa. Tenía un dibujo con rayos alrededor del corazón, donde había cuatro letras, «D-S-O-L». Le pedimos que diera significado a cada una de las letras. Dijo sin reflexionar: «D de deberes, S de sumisión, O de obediencia y L de Ley». Monique sintió frío otra vez y añadió: «Mi madre era una mujer de corazón, abnegada. Lo hacía todo por los demás». De repente, se dio cuenta de la diferencia entre los verdaderos valores de su madre y la percepción que tenía de ella. Al final, reconoció que «Mi madre justificaba con el amor conductas que, en realidad, se basaban en el deber y la abnegación más completos. A veces, aún creo lo que me decía». Designó a otra persona para que representara a su niña interior, la pequeña Monique.

La pequeña Monique llora

La pequeña no paraba de llorar. Monique estaba muy alterada: «No me gusta verla llorar. Que no llore. Que se calme». Le preguntamos por qué. «Porque es muy guapa y muy buena. No tiene que estar triste». Le propusimos que diera permiso para llorar a su niño interior. Se puso nerviosa. «¡No, eso no se hace! No está bien. Debe portarse bien. Me dan miedo las consecuencias».

Al final, Monique se acercó a la pequeña. Sus sensaciones cambiaron: «Ahora tengo calor, de hecho tengo mucho calor. Me encuentro mejor. Sé que la pequeña Monique tiene derecho a llorar. Cuando era pequeña, estaba prohibido. Voy a dejar de jugar a ser *superwoman*. No me hace feliz. Mis padres no eran felices y no quiero ser como ellos».

Durante los días siguientes, Monique lloró mucho y recuperó una energía que le hizo bien. Por primera vez en su vida, pudo hacer cosas por ella misma, sin que el miedo la dominara o la traicionara.

Monique, al igual que muchas otras personas, obedece inconscientemente a una educación muy alejada de su impulso vital y creativo*. Siguió fiel a los mensajes de las imágenes de sus padres que vivían en ella. La parálisis y la sensación de impotencia provenían de esa fidelidad y de la vergüenza tóxica que la acompañaba.

La vergüenza tóxica

La vergüenza tóxica es un sentimiento del que resulta muy difícil librarse. Se oculta tras miedos más o menos incapacitantes, como el miedo a no estar a la altura, a no ser capaz, a hacerlo mal o a sentirse humillado.

Si una persona se siente mal, indigna o incapaz cuando siente un deseo, una emoción o una necesidad, se queda petrificada de vergüenza. La vergüenza proclama que su Yo auténtico está debilitado.

Los niños necesitan la validación de sus padres y de sus maestros, bondadosos, amantes y protectores. De niños, todos sentimos que no se respetaron nuestros impulsos naturales. Los niños pequeños no pueden cuestionar a sus padres. Asumen como verdad todo lo que les inculcan. La vergüenza se propaga a partir de las múltiples prohibiciones que se interiorizan a lo largo de la infancia.

La vergüenza tóxica es el cerrojo que encierra al niño exiliado en una celda. Cuando Monique descubrió a la pequeña en su interior, se alteró mucho. Esta vulnerabilidad, que había reprimido durante tanto tiempo, se manifestaba al fin, y chocó contra los dogmas de los padres. Al principio, Monique defendió su educación. Siempre había creído que la frialdad de su padre y la abnegación de su madre la habían hecho crecer «bien». Para una parte de ella, mostrar las emociones no estaba bien (modelo paterno) y responder a las necesidades propias, tampoco (modelo materno). Cada vez que aparecía una emoción o una necesidad fundamental, un mánager (subpersonalidad) intervenía para mantenerla en el camino recto de su educación. Jean Piaget, uno de los fundadores de la psicología del desarrollo, afirmaba que: «La educación, en su visión actual, consiste en intentar que el niño se convierta en un adulto tipo de la sociedad a la que pertenece».

La vergüenza tóxica se mantiene gracias al trabajo de un mánager muy común y eficaz: el juez interior. ¿Quién no se juzga nunca? Este juez es el guardián de la celda del niño interior. Genera vergüenza en la persona que intenta ir más allá de las reglas de los padres o de la sociedad. Estas prohibiciones son tóxicas cuando reprimen el Yo verdadero y el impulso vital y creativo. Obviamente, hay normas y prohibiciones legítimas y pertinentes que protegen a la persona, a la sociedad y a la vida. Son incuestionables.

El miedo sano libera la energía necesaria para satisfacer las necesidades básicas, la vergüenza tóxica la bloquea. Es la certeza de que debemos someternos. ¿A qué miedo paralizante nos remite? Al miedo a desobedecer a los padres.

Desobedecer las prohibiciones

«No existe nada audaz que no haya desobedecido alguna regla».

Jean Cocteau

El miedo a desobedecer

Cuanto más profunda sea la vergüenza, más numerosos serán los miedos que atenazan a la persona. La vergüenza tóxica es la convicción de que el Yo profundo es defectuoso, por no decir anormal, y engendra la idea de que desobedecer las prohibiciones de los padres es peligroso. Una educación disfuncional elabora sanciones y castigos de carácter humillante, para mantener al niño en un estado de vergüenza y miedo arbitrarios.

Una paciente nos explicó hace poco que un día, cuando tenía cinco años, jugaba tranquilamente cuando su madre la interrumpió, furiosa. El miedo a haber hecho algo mal (aunque no sabía el qué) la paralizó y se orinó encima. Su madre le quitó las braguitas y se las puso en la cabeza. Entonces, la obligó a salir al balcón desnuda, con las braguitas en la cabeza, para que se secaran. La paciente aún se acuerda de cómo se burlaron de ella sus hermanos.

El testimonio de Emmanuel

> **Yo, personalmente, sentí mucha vergüenza durante la adolescencia. No me gustaba mi cuerpo, que me parecía feo e indigno de amor. Durante la infancia, mi madre me propinó unas azotainas memorables. Ese maltrato «habitual» durante tanto tiempo hizo mella en la percepción negativa que tenía de mí y de mi cuerpo, emociones que alcanzaron su apogeo durante la adolescencia, un periodo complicado ya de por sí. Una vez entrado en la edad adulta, una de mis conductas me llamó la atención. Cuando alguien hacía un gesto rápido cerca de mí, alzaba un brazo para protegerme. Esta reacción inadaptada me llevó a reconocer al pequeño Emmanuel maltratado. Le cuidé y le tranquilicé y, así, liberé a mi cuerpo del yugo de la vergüenza y del miedo. De niño, pensaba que merecía esos castigos e intentaba portarme lo mejor posible. Ahora, el maltrato que recibí me indigna. He podido devolver simbólicamente la violencia a mi madre y, así, emanciparme de las prohibiciones que obedecía.**

El miedo a desobedecer es miedo a la autoridad, a una autoridad todopoderosa que impone deberes antes de conceder al niño el derecho a ser, a sentir, a expresar y a crear según sus aspiraciones personales.

El deber de amar a los padres

En lo más profundo de nosotros albergamos el deber de amar a los padres, hagan lo que hagan. Los castigos «educativos» recalcan lo peligroso que es desobedecer. Bajo esta visión, el niño es «malo» por naturaleza. Hay que corregirlo y los castigos confirman lo malo que es. Al niño se le prohíbe ser niño y persona de pleno derecho. Alice Miller nos recuerda que: «La mayor crueldad que infligimos a los niños es prohibirles que expresen la ira o el sufrimiento, so pena de arriesgarse a perder el amor y el afecto de sus padres»[1].

El padre disfuncional está convencido de poder vencer el «mal» con la violencia punitiva. Utiliza una pedagogía negra para imponer normas severas que él mismo sufrió durante su infancia y que nunca ha cuestionado. Por eso, la vergüenza es transgeneracional. Contamina a generaciones enteras, hasta que alguien, como eslabón de transmisión de los valores y las normas familiares, se rebela.

Si el miedo que siente le asegura que puede perder el amor del otro, es que está petrificado de vergüenza. Cree que no puede ser usted mismo, porque siente que su ser profundo no es digno, respetable y amable. Reflexione sobre las prohibiciones de las que fue víctima durante su infancia. Es muy probable que le dijeran que eran por su propio bien. Por eso, al igual que Monique, quizás las justifique y enuncie los beneficios de esa educación. Cree que, tal vez, sin esas normas tan severas ahora no sería tan buena persona. Sin darse cuenta, avala las palabras y las conductas de quienes han sido violentos con usted. No siente la ira y la indignación sanas e indispensables para su liberación.

Los niños aman por naturaleza a sus padres. No necesitan que nadie les eduque al respecto ni se lo enseñe. Muchos adultos honran regularmente a sus padres por los cuidados y el amor que han recibido. Si usted es uno de ellos, alberga en su interior una vergüenza tóxica y secreta que le persuade de que está en deuda con ellos, porque le han dado la vida. Es un yugo tan sutil como paralizante (no es consciente de lo que verdaderamente le importa) y engañoso (construye una vida conforme a los modelos de sus padres).

El miedo apela a la visión truncada o idealizada de la infancia. Si sus primeras experiencias hubieran sido exclusivamente de amor y de alegría, no tendría miedo a la vida. El miedo le invita a aceptar la totalidad de la experiencia infantil, con sus luces y sus sombras.

Los niños necesitan límites sanos, un espacio de expresión y una comunicación basada en la escucha y la benevolencia. En ese marco educativo, activan plenamente su inteligencia moral innata. Los castigos y las sanciones no sirven de nada. Una prohibición no es un límite. El límite hace que el niño reflexione sobre sí mismo, mientras que la prohibición le amordaza y le reprime. Las prohibiciones nos hacen crecer con miedo a desvelarnos.

Miedo a desvelarse

El miedo a desvelarnos suele estar asociado con el riesgo de sufrir o de ser traicionado, humillado o acusado. Tememos ser vulnerables y mostrar o confesar lo que sentimos. Disimular el Yo auténtico es muy limitante en la relación con uno mismo y con los demás.

Hay muchas emociones que permiten evaluar si una necesidad está satisfecha o no. Hay personas que las reprimen y, así, no responden a sus necesidades profundas. La tabla siguiente le ayudará a evaluar el grado de reconocimiento y de expresión de sus sentimientos.[2] Así sabrá si responde o no a sus necesidades.

Sentimientos asociados a necesidades satisfechas		Sentimientos asociados a necesidades insatisfechas	
Asombrado	Animado	Enfadado	Incómodo
Seguro	Satisfecho	Desorientado	Aburrido
Lleno de energía	Esperanzado	Decepcionado	Preocupado
Contento	Inspirado	Afligido	Desanimado
Inspirado	Conmovido	Frustrado	Avergonzado
Alegre	Orgulloso	Desesperado	Impotente
Aliviado	Estimulado	Irritado	Impaciente
Sorprendido	Agradecido	Nervioso	Solo
Emocionado	Confiado	Perplejo	Ahogado
Cómodo	Eufórico	Triste	Reticente

El miedo a desvelarse es un miedo social y limita la interacción y el contacto con los demás. Con frecuencia, viene acompañado del miedo a la intimidad y a la autoafirmación.

Sandrine, de cuarenta y cuatro años de edad, recuerda: «Durante mucho tiempo me sentí incómoda en grupo. Me sentía tonta e incapaz de mantener la más mínima conversación. No tenía ninguna idea propia. No hablaba y siempre acababa de la misma manera. Sentía que los demás me juzgaban y se preguntaban qué hacía yo allí. Muchas veces me iba de reuniones y fiestas o anulaba citas. No me sentía en absoluto orgullosa de mi conducta, y aún me detestaba más».

El miedo a desvelarse sume a la persona en un círculo vicioso de vergüenza y de culpabilidad tóxicas. Son veneno para el alma. Para liberarse de ellas, hay que abandonar el fantasma del padre o madre ideal. Todos son imperfectos, porque son humanos. Es imposible vivir emociones maduras si no reconocemos los defectos de nuestros padres y les responsabilizamos de sus actos. Muchos adultos siguen siendo niños adaptados eternamente, porque validan conductas educativas muy dudosas. Asumen responsabilidades que no les corresponden. Se impiden a sí mismos sustituir la vergüenza y el miedo por la audacia.

Transformar el miedo en audacia

Detrás de todo miedo se oculta un potencial vital y creativo insospechado. Cuando las normas y las reglas limitantes reprimen esa energía formidable, la persona sufre.

Todo miedo es audacia en potencia, porque podemos aceptar indignarnos y expresar nuestra ira. La ira sana, como el miedo, es una señal de alarma que nos ayuda a ser conscientes de que una necesidad ha quedado insatisfecha y de que un esquema mental entorpece su satisfacción. La ira representa la oportunidad de canalizar y redirigir la energía vital hacia objetivos nuevos, más justos para nosotros. El miedo y la ira pueden ser fuerzas de discernimiento y de sabiduría. Participan plenamente en la inteligencia creativa, es decir, en el arte de inspirar y de crear la vida percibiendo múltiples posibilidades de autorrealización.

Cuanto más escuchamos a nuestro niño interior, más descubrimos los límites que se le han impuesto. La tristeza, la ira y la indignación son irremediables. Expresadas para uno mismo, y no contra el otro, liberan el miedo y lo transforman en audacia. La audacia es una forma de transgresión, una emancipación hacia el estado adulto libre y completo. La mayor audacia es fruto del mayor miedo.

Si concede autorizaciones nuevas a su niño interior, le ayudará a liberarse de las prohibiciones antiguas. Restablecerá su Yo auténtico y adoptará sus propios límites sanos, así como una nueva obediencia a lo que es bueno y correcto para usted. Su relación con los demás será más auténtica, porque ya no necesitará adoptar roles fijos para esconderse ni exigir lo que le ha faltado. Tampoco intentará mantener inmutable su sistema interior (y su sistema familiar de origen) y protegerlo del cambio. Conceder autorizaciones nuevas a nuestro niño interior es una de las cosas más valientes que podemos hacer en nuestra vida.

El ejercicio del día: darse autorizaciones nuevas

El adulto petrificado de vergüenza siente que es incapaz de ser él mismo y que, además, le está prohibido. Cree en la obediencia y el deber que le han inculcado sus educadores (padres y maestros). Este adulto adaptado oculta a un niño atemorizado que espera a un padre bueno, que le apoye y le quiera.

Le proponemos que dé autorizaciones nuevas a su niño interior, para que pueda realizarse. Los ejemplos siguientes le servirán de guía para tomar conciencia de qué partes de sí mismo debe liberar y para inventar sus propias autorizaciones.

1. Autorizar a ser uno mismo:

- Soy un hombre y estoy orgulloso de ello.
- Soy una mujer y estoy orgullosa de ello.
- Tengo derecho a ver, oír, hablar y sentir.
- Mi sexualidad es digna de respeto.
- Tengo derecho a jugar y a crear.

2. Autorizar las emociones:

- Tengo derecho a sentir y a expresar tristeza, ira y alegría.
- Tengo derecho a ser vulnerable.
- Tengo derecho a expresar mi afecto o mi descontento.

3. Autorizar las necesidades:

- Tengo derecho a satisfacer mis necesidades.
- Tengo derecho a darme y a recibir placer.
- Tengo derecho a ponerme en primer lugar.
- Puedo respetar las emociones, las necesidades y los deseos del otro sin negar los míos.

4. Autorizar el aprendizaje:

- Tengo derecho a cambiar.
- Tengo derecho a aprender cosas nuevas y a tener curiosidad por la vida.
- Tengo derecho a equivocarme.
- Tengo derecho a tener límites.
- Tengo derecho a tomarme mi tiempo.

5. Autorizar la afirmación de uno mismo:

- Soy una persona única.
- Tengo derecho a aceptar, negar, pedir y dar.
- Tengo derecho a sentirme orgulloso de lo que hago.
- Tengo derecho a negarme a asumir las consecuencias de las conductas de otro.

Para activar estas autorizaciones nuevas, le invitamos a que las escriba en letras grandes de colores en hojas de papel grandes. Cuélguelas en algún lugar donde las vea con regularidad. Manténgalas bien a la vista hasta que se hagan realidad y su audacia se transforme en alegría y en gratitud hacia usted mismo.

1. Miller, Alice, *C'est pour ton bien – Racines de la violence dans l'éducation de l'enfant*, Aubier, 1998 (p. 128).
2. La tabla refleja las emociones que Marshall B. Rosenberg enuncia en su libro *Spiritualité pratique, op. cit.* (pp. 81-82).

DÍA 17

El miedo, el deseo y la necesidad

El triángulo vital

«La energía es savia ardiente,
la vivencia de la vida depositada en cada uno de nosotros
en el instante de ser concebidos».

Jacques Salomé

Todos los miedos esconden un deseo que, a su vez, oculta una necesidad. El miedo, el deseo y la necesidad no se ubican en el mismo plano. El miedo es una emoción. El deseo es una transformación de la pulsión de la búsqueda de satisfacción. Y la necesidad puede asociarse a distintos órdenes: fisiológico, emocional, relacional, etc. Es fundamental, universal y necesario para el desarrollo de la persona. Es habitual que confundamos necesidades con deseos.

Aunque son diferentes, están interconectados y actúan de forma sinérgica (juntos). Forman un triángulo vital cuyo equilibrio garantiza un reparto adecuado de la energía.

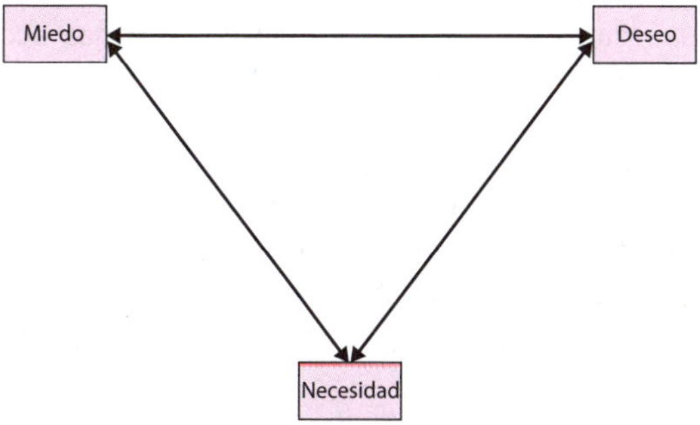

La energía vital es movimiento, un impulso. Cuando está al servicio de la persona, esta puede superar el miedo y actuar. Lo que le incapacita no es el miedo en sí mismo, sino su objeto y su representación. La sinergia positiva entre miedo, deseo y necesidad ofrece una dinámica interna propicia a la acción y a la expresión del Yo. Permite dejar ir con más facilidad el objeto del miedo y desarrollar valor.

Como cualquier otro sistema, la fuerza del triángulo vital se basa en cuatro principios universales que favorecen la vivencia*.[1] Cuando estos principios de desequilibran, la energía vital se bloquea.

Los principios de la vivencia

«No suprima el deseo, dejaría de estar vivo. Perdería la energía vital y eso sería terrible».

Anthony De Mello

Principio 1: encontrar el equilibrio

Si observa la alegoría de la justicia, verá que uno de sus atributos es la balanza. Simboliza la búsqueda continua del equilibrio entre opuestos. Esta visión refleja la dualidad del ser humano: «¿Debo hacer caso a la cabeza o al corazón? ¿Al miedo o al deseo?». Una simple mirada al triángulo vital nos ayuda a salir de esta ambivalencia. Como la pregunta es binaria, el equilibrio es muy precario. Sin embargo, si llamamos a un tercer protagonista, como la necesidad, la perspectiva se vuelve decididamente dinámica.

Joséphine tiene dos hijas, una de cinco años y otra de tres. Desde el momento en que nacieron, deseó ser buena madre. Leyó los mejores libros sobre la crianza de los hijos y emprendió varias acciones para garantizar el bienestar de sus hijas. Sin embargo, se ha dado cuenta de que su familia es disfuncional. Sus hijas son muy exigentes, y ella y su marido se sienten desbordados, lo que da lugar a discusiones frecuentes sobre la educación de las niñas. Ambos reprochan al otro que no hace lo suficiente. Cuando vino a nuestra consulta, el sufrimiento de Joséphine era evidente: «Tengo miedo constantemente. Desde que nacieron las niñas, tengo miedo a hacerlo mal y a ser mala madre. A veces me enfado con ellas y mi marido me dice que estoy loca. Luego se me olvida lo que ha pasado y lo que he dicho. Me asusta».

Le hicimos varias preguntas y las respuestas nos hicieron ver que las niñas se habían convertido en el centro de la familia, en detrimento de la pareja. Aunque es fundamental que consideremos al niño como a una persona completa y le concedamos el espacio que necesita, su lugar está en la periferia de la pareja, tal y como ya dijo Françoise Dolto. En el ejemplo de Joséphine, la pareja estaba en crisis y ya no era un elemento que proporcionase seguridad y estructura a las niñas. Ante esta situación de bloqueo, invitamos a Joséphine a que enumerara sus necesidades. Exclamó: «¡No tengo tiempo para eso! Me paso el día haciendo montones de cosas».

Poco a poco, Joséphine aprendió a devolver sus propias necesidades al centro de su vida. Un tiempo después, nos explicó una escena significativa: «Ayer volví a casa, pero no hice lo que hago siempre, es decir, correr de un lado para otro haciendo cosas. Me senté en el sofá, junto a las niñas. Tras unos minutos, empezaron a explicarme cómo les había ido el día. Me pidieron que jugara con ellas. Me sumergí en la emoción. Y me di cuenta de que, aunque mi intención había sido hacerlo lo mejor posible, en realidad, no había estado ahí para ellas. Olvidé mis necesidades e imaginé las de mis hijas, sin escucharlas para averiguar qué era importante para ellas». Joséphine tomó conciencia de que su miedo, asociado a una infancia dolorosa en la que nadie se ocupaba de ella, la llevaba a hacer siempre más y a ser siempre mejor para no parecerse a sus padres.

Al final, Joséphine y su marido recuperaron el equilibrio en su pareja y las niñas se serenaron.

Ahora, Joséphine dedica tiempo a sus hijas, sin que ellas le exijan su presencia. Tener en cuenta la necesidad ha permitido que el deseo y el miedo ocupen ahora un lugar sano en esta familia. El equilibrio se ha vuelto dinámico, es decir, no engendra tensiones ni oposición. Los miembros de la familia ya no son prisioneros de la frustración y de la ira, y sus relaciones son más armoniosas.

Principio 2: fomentar la armonía

El deseo está en la naturaleza del ser humano, es decir, le mueve una pulsión de vida que le lleva a buscar y a vivir múltiples satisfacciones. Todos los sentidos físicos (vista, olfato, oído, gusto y tacto) son una oda al placer y a la alegría de vivir. Las percepciones más sensibles (emociones, sentimientos, intuiciones y experiencias paroxísticas[2]) también contribuyen a este fervor por la vida. ¡Qué bien tener cuerpo y mente! Nos abren las puertas a infinidad de experiencias distintas.

En todas las culturas del mundo encontramos creencias, normas y valores que constriñen la sencilla alegría de vibrar y alegrarse. ¿Qué miedo subyace a estos sistemas que generan vergüenza y culpabilidad? El miedo a la libertad. Son muchos los que ignoran que el cuerpo es el cohete que propulsa a la mente hacia las estrellas. El cuerpo es un aliado en la búsqueda de libertad: nos enseña acerca de nuestros miedos, deseos y necesidades a través de los mensajes que nos envía. La armonía nace cuando reconocemos el miedo, el deseo y la necesidad.

Los deseos son múltiples y variados. Traducen el impulso vital, pero pueden transformarse en obstáculos si toman el poder en el triángulo vital. Es lo que le sucedía a Hervé, de treinta y dos años de edad, cuyo deseo estaba polarizado. Es decir, ocupaba todo el espacio.

Hervé desea continuamente a los demás. Quiere que su novia se vista de forma sugerente cuando salen juntos. Quiere que sus amigos le llamen a horas concretas. Quiere que su madre deje a su padre. Quiere que su jefe le conceda una bonificación. Quiere que... Sus deseos vuelan en todas direcciones en forma de exigencias a los demás. Cuanto más rígida e inflexible se vuelve su postura, más se alejan los demás de él. Cuando su pareja decidió romper la relación, sintió el miedo que le acechaba oculto tras todas sus exigencias. Hervé se apegaba a sus deseos y olvidaba que podía compartirlos en sus relaciones.

La polarización del deseo crea apego, dependencia y miedo a perder o a no conseguir. Oculta las verdaderas necesidades personales y relacionales. Para que un sistema sea armónico, todos debemos estar dispuestos a poner en segundo plano parte de nuestras expectativas en beneficio del grupo. Para Hervé, el otro no existía en tanto que persona, sino en tanto que objeto con el que satisfacer sus deseos. Él mismo se convirtió en la marioneta de sus deseos, que confundía con la felicidad. Era víctima de una «satisfacción sustitutiva del deseo»[3] en otras palabras, sus deseos omnipresentes y no regulados intentaban satisfacer sus carencias. Sustituían necesidades más profundas de las que había desconectado. Esta estrategia jamás es eficaz a largo plazo. Hervé descubrirá antes o después que las minifaldas de sus novias no son la solución a su falta de confianza y que una bonificación no reforzará mucho su frágil autoestima.

La investigación más reciente en neurología ha aportado datos esclarecedores acerca del deseo. Es mimético. Está inspirado en el deseo del otro, si no es una copia directa. El neuropsiquiatra francés Jean-Michel Oughourlian concluye que «sin el deseo, que nace en espejo, ya no existiríamos como personas».[4]

Principio 3: influir

Cuando aprendemos a ser buenos padres para nosotros mismos, cultivamos un posicionamiento con relación a Yo* y nos convertimos en el piloto de avión que dirige su propio destino. En el proceso de reparentalización*, el buen padre protege a su niño interior. Le da autorizaciones nuevas, para que viva más feliz. En definitiva, libera parte del impulso vital y creativo bloqueado. Estas dinámicas (las 3 P: permiso, protección y potencia) permiten influir sobre la propia vida.[5] Son necesarias para mantener el equilibrio del triángulo vital, como ilustra el esquema siguiente.

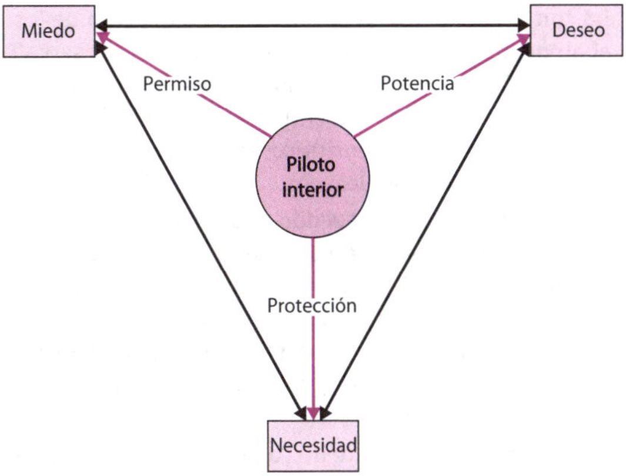

¿Le han permitido tener miedo? ¿Le han enseñado que el miedo es algo natural? ¿Le han acompañado para que pudiera dominarlo y transformarlo en valor y audacia? Para superar un miedo, es crucial que antes lo hayamos aceptado. Existe por un motivo y es digno de respeto. Si salimos de la tensión, encontramos la potencia.

Con demasiada frecuencia, ni siquiera sospechamos la potencia de vida que circula en cada uno de nosotros. Abrirse al deseo es seguir la corriente de la vida. Al igual que el viento hincha las velas, es imposible navegar si no escuchamos el deseo que se oculta detrás de cada miedo.

¿Tiene necesidades fisiológicas, emocionales, relacionales, espirituales o de desarrollo personal? ¿Cree que satisfacer las necesidades propias es señal de egoísmo? Tal y como afirma Marshall B.. Rosenberg, «cuando conectamos con nuestras necesidades, no somos buenos esclavos.»[6]

Convertirá a los elementos del triángulo vital (miedo, deseo, necesidad) en sus aliados si da a su niño interior* permiso, potencia y protección.

Principio 4: crecimiento personal

El crecimiento personal es un edificio en remodelación constante a lo largo de nuestra vida.

El testimonio de Emmanuel

Recuerdo que, de niño, tenía una gran sabiduría intuitiva (como tantos niños). Me comunicaba con los animales. Veía con claridad la locura de los mayores. Mis aspiraciones al amor me sumían en largas meditaciones. Observaba el miedo, la tristeza, el sufrimiento, la alegría e incluso lo divino en mi interior. Sonreía a la vida y conocía mi futuro, la enseñanza, la escritura de libros, la relación con una mujer maravillosa, el acompañamiento terapéutico, etc., leía el libro de mis posibilidades. Todo me parecía natural... En la adolescencia, ya no fue así en absoluto.

Ahora, de adulto, estoy haciendo realidad mis sueños de infancia. Tengo aspiraciones nuevas, visiones nuevas. Crezco, porque acepto que existen mil maneras de realizarme. Todo lo que había visto o presentido de niño no era una obligación, sino un contrato conmigo mismo. Tengo la responsabilidad de crecer, de dedicar el tiempo necesario a curar mis heridas, a desarrollar mis talentos y mis relaciones. Tengo la responsabilidad de encarnar mi esencia lo mejor posible y pasar de lo que creía ser a lo que soy en realidad.

Cuando conocí a Marie-France durante un curso de formación, reconocí en ella las cualidades que esperaba compartir en una relación amorosa. Nos acercamos, pero mi timidez me impedía dar el primer paso. Ella tomó la iniciativa con prudencia. Recuerdo perfectamente una conversación mientras paseábamos por un parque:

—Emmanuel, me gustaría tener una relación más especial contigo —me dijo.

Paralizado por el miedo, le respondí:

—Pero si ya la tienes.

—Sí, pero me gustaría que la relación fuera aún más íntima. Siento que entre nosotros hay algo muy potente y me gustaría que compartiéramos aún más cosas, si te parece bien.

—No, no me parece bien —se me escapó. Pronuncié la frase a pesar de mí, en contra de mí.

Mientras regresaba solo del paseo, sentí que el corazón se me aceleraba. Tenía miedo. Miedo a ser feliz y a dejar que el amor entrara en mi vida. Más allá del miedo, sentía sobre todo vergüenza por haber dicho que no, por haber escapado de la posibilidad de ser feliz. Una voz me repetía: «Has estado esperando esto durante toda tu vida. ¡Atrévete!» Iba a dejar pasar la oportunidad de aprender a amar. Estaba aterrado y lleno de deseo al mismo tiempo. Me sentía solo. Ahora tenía miedo de ser una víctima, de quedar relegado al papel de mero espectador que ve cómo la vida se le escapa. Recuerdo que lloré, incluso grité, para expulsar las prohibiciones incrustadas en mi interior. Al final, escuché atentamente a todas mis partes. Sentí que era libre. Elegí crecer. Corrí a murmurar las palabras siguientes al oído de Marie-France: «Detrás de mi negativa se oculta un "sí" enorme. Sí, quiero estar contigo». Y así empezó nuestra relación de pareja... ”

Hay quienes afirman que hay que luchar contra el miedo, hacerle la vida imposible. Sin embargo, lo cierto es que hay que descender a la arena de sus estados físicos. Son ellos, con todas sus creencias erróneas y emociones tóxicas, los que debemos desintegrar. Utilizan el miedo como pantalla, para paralizar a la persona sin revelar su verdadero rostro ni su lealtad a modelos disfuncionales y a experiencias dolorosas. Limitarse a afrontar el miedo es limitarse a la punta del iceberg. El miedo no es una emoción aislada. Es sistémica: pertenece al triángulo vital que actúa en lo más hondo de cada estado del yo o subpersonalidad. Lo más importante no es luchar contra el miedo, sino contra el sistema subyacente.

Cada día, el miedo, el deseo y la necesidad me animan.
Nacen mucho más rápido que cualquier otra cosa.
No tenerlo en cuenta ahoga mi propia vivencia*.

El ejercicio del día: explore su triángulo vital

En este ejercicio, explorará la dinámica de su triángulo vital. Así le será más fácil escapar de la impotencia y actuar desde su centro, el Yo o su piloto interior.

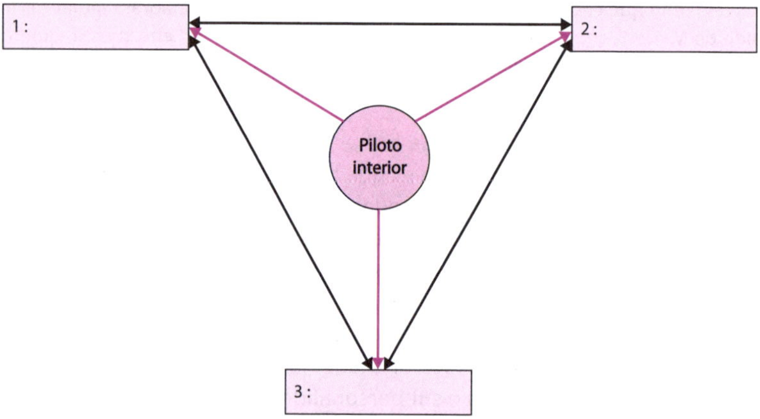

Fase 1. Responda a las preguntas siguientes en las casillas 1 a 3:

- Casilla 1: ¿Cuál es mi miedo?
- Casilla 2: ¿Qué deseo se oculta tras ese miedo?
- Casilla 3: ¿He ocultado u olvidado esa necesidad?

Evite utilizar los mismos términos para designar el miedo, el deseo y la necesidad. Si le sucede, es que aún debe esclarecer más alguno de los elementos. De otro modo, no creará una dinámica real. Por ejemplo:

- *Ejemplo A.* 1, miedo a suspender los exámenes. 2, deseo de tener éxito en mis estudios. 3, necesidad de tener éxito en los exámenes. En este ejemplo, el deseo y la necesidad se han formulado igual, por lo que la ecuación sigue siendo binaria, en lugar de triangular. Hay que profundizar en la necesidad. Es posible que, tras la tercera respuesta, se oculte la necesidad de autonomía.

- *Ejemplo B.* 1, miedo a decirle que no a mi madre. 2, deseo de decirle que no a mi madre. 3, necesidad de afirmarme. Aquí, el miedo y el deseo son idénticos. Hay que profundizar en el deseo. Quizás se trate de un deseo de libertad o de confrontación.

Fase 2. Una vez que haya completado el triángulo, baje al escenario y determine qué subpersonalidad se ha expresado antes. ¿Es el niño adaptado, un mánager, un bombero, un padre o líder autoritario o su niño interior?

Nombre al estado del yo que tiene miedo. Obsérvelo como si fuera una persona viva, con sus emociones, deseos y necesidades. Permítale expresarse y respete sus emociones. Cuando la acepte, intervendrán otras subpersonalidades.

Ahora, imagine que todos (usted y sus estados del yo) se han sentado alrededor de una mesa y que todos tienen derecho a hablar. Esté presente con la única intención de conversar y compartir. Es muy probable que algunas afirmaciones o revelaciones le sorprendan. No analice el contenido. Surgirán miedos, deseos y necesidades nuevos.

Este ejercicio le conducirá paso a paso al niño interior exiliado. Valide su miedo, su deseo y su necesidad. Al principio, es posible que el niño se sienta solo, abandonado, triste, poco querido y descontento. Son emociones legítimas. Una vez que se sienta escuchado y liberado, se sentirá contento, abnegado, lleno de afecto, creativo y espontáneo. No se sorprenda si se siente avergonzado y triste por haberlo abandonado durante tanto tiempo.

Fase 3. Ahora actúe como un piloto bondadoso y compasivo consigo mismo y sea generoso con el permiso, la potencia y la protección. Opte por un posicionamiento que respete los cuatro principios de la vivencia:

- Encontrar el equilibrio
- Fomentar la armonía
- Influir
- Crecimiento personal

Fase 4. Redacte un texto breve para transcribir sus emociones. Deje que se expresen todos los estados del yo. Hágalo con sensibilidad y respeto, sin menospreciarse ni descalificarse. No intente hacerlo bien ni crea que hay que entender el ejercicio a la perfección. El único objetivo de esta práctica es que se acostumbre a generar intimidad con su mundo interior y a cultivar la aceptación por su ser completo y múltiple, con sus recursos y su límites, con su fuerza y su vulnerabilidad.

1. Principios inspirados en la obra del psicoterapeuta estadounidense Richard C. Schwartz, *op. cit.* (pp. 25-27).
2. Las experiencias paroxísticas son propias del ser humano. Son experiencias espirituales íntimas y trascendentales. El psicólogo Abraham Maslow fue uno de los pioneros de esta investigación transpersonal. Una obra reciente aborda este tema: *Manuel clinique des expériences extraordinaires*, bajo la dirección de Stéphane Alix y de Paul Bernstein, InterÉditions, 2009.
3. Véase la obra de Christian Jeanclaude, *Les ombres de l'angoisse – La peur d'être vivant*, Collection Oxalis, De Boeck, 2004, (pp. 19-21).
4. Cyrulnik, Boris; Bustany, Pierre, Oughourlian, Jean-Michel; André, Christophe y Janssen, Thierry, *op. cit.* (p. 105).
5. 3P hace referencia a una dinámica de los estados del y o en el análisis transaccional. Las 3P permiten que una persona se exprese en un entorno de seguridad y de aliento óptimos.
6. Rosenberg, Marshall, *Spiritualité pratique, op. cit*. (p. 44).

DÍA 18

La pirámide de los miedos

Adaptarse o vivir

«No perdáis vuestros perfumes, vuestras vidas; empleadlos con utilidad».

Teresa de Lisieux

La historia de los dos deshollinadores

El primer deshollinador era un hombre sencillo y feliz. Amaba su trabajo y cuidaba con esmero de su escalera, con la que podía alcanzar las chimeneas más elevadas. Al final de cada jornada, se sentaba sobre los tejados, para presenciar el atardecer sobre la ciudad, y luego bajaba tranquilamente. Nadie le veía de verdad. ¿A quién le importa un deshollinador? Sin embargo, todas las personas que se cruzaban con él explicaban lo mismo. En pocos instantes, su presencia les hacía sentir más serenos y alegres.

En apariencia, nada distinguía al segundo deshollinador del primero. Trabajaba en la misma ciudad y nadie se fijaba en él, tampoco. Sin embargo, sufría por la situación y porque nadie reconocía su trabajo. Para remediarlo, decidió convertirse en el mejor deshollinador de la ciudad y se le ocurrió una idea genial. Si cortaba el primer escalón de su escalera, sería más rápido y eficaz que el resto de los deshollinadores. Lo hizo, y funcionó. Le alabaron su rapidez, pero la felicidad duró poco, porque volvió a ser invisible a ojos de sus patronos. Así que decidió cortar un segundo escalón y luego un tercero. Cada vez, no obtenía más que una consideración efímera. El día en que acababa de cortar un cuarto escalón, estalló un incendio violento debajo de él, en una gigantesca chimenea de fábrica. La única vía de escape era la cima del inmenso conducto. Y en ese momento se dio cuenta de algo evidente: ya no podía subir la escalera, porque le faltaba ese cuarto escalón. Y así desapareció entre las llamas.

El niño interior como imagen central

Todas las personas aspiran a la felicidad, la alegría y el amor. El corazón de todos nosotros invoca este logro, que consiste en vivir la naturaleza humana sin mutilar el Yo. En esta búsqueda, atravesamos distintas etapas, desde que nacemos hasta que morimos.

La imagen del niño es básica a lo largo de todo el ciclo de la vida. Jung afirma que el niño simboliza «un ser inicial y final [...] un ser del principio, pero también del fin».[1] Todos albergamos en nuestro interior un niño eterno.

El primer deshollinador simboliza a una persona realizada. Vive con sencillez. Cuida de su escalera, es decir, de todos los elementos que componen una vida. Los sueños, los recursos, las necesidades, las emociones (miedo, tristeza, ira, asco y alegría), los sentimientos, la fragilidad... son escalones que nos permiten elevarnos y ser mejores.

Las personas completas se reconcilian con su niño interior. Si queremos vivir una vida plena, no podemos obviar la relación con el niño que fuimos. El niño interior* tiene dos caras inseparables. El niño triste y exiliado permite trascender el sufrimiento inherente a la vida, mientras que el niño libre y creativo ofrece sus fuerzas innatas. Son la misma persona. Si le escucha con atención, le murmurará: «Sigo aquí». Ha llegado el momento de acogerlo, de abrazarlo, de ponerse de su parte y de amarle en cualquier circunstancia. Se trata de una experiencia única, profundamente humana y sembrada de humildad, amor y compasión.

Todos podemos vivir experiencias extraordinarias, como si la vida nos guiñara un ojo, cuando emprendemos el camino de la reconciliación con nuestro niño interior. Hace poco, en diciembre, Gisèle estaba en el metro, de camino a uno de nuestros seminarios. Una anciana de unos ochenta años y con un sombrero rojo, se acercó al asiento que había junto a ella, dudó, sonrió y se la quedó mirando con amabilidad. Gisèle le dijo que podía sentarse, que el asiento estaba libre.
—¡No, pero si está sentada su hija! —exclamó la anciana.
Gisèle se quedó desconcertada.
—Pero... ¡no hay nadie —Miró a su alrededor y no vio ninguna niña en todo el vagón. La anciana sonrió e insistió en que había una niña pequeña sentada.

Al final, se sentó con mucha precaución. Gisèle vivió la experiencia como una sincronicidad (un acontecimiento externo que parece casual, pero que tiene sentido para quien lo vive o lo ve) que confirmaba la presencia de su niña interior.

El niño interior es una realidad tangible, el recuerdo y la vivencia del ser humano pequeño que habita en nosotros. Cuanto más alimentamos el vínculo, más perceptible es. Un adulto realizado brilla, porque su corazón es el de un niño eterno, maravillado y feliz.

La adaptación infantil

En un mundo con tendencia a orientarse hacia el exterior, la represión del niño interior genera miedo y malestar. El segundo deshollinador simboliza a las personas que huyen de su mundo interior, del santuario de su humanidad.

Solemos entender los miedos y las dificultades como errores que hay que corregir. En nuestra práctica profesional, vemos que muchas personas buscan soluciones fáciles, rápidas e indoloras. Y hay quienes dicen ofrecer resultados milagrosos. Aunque es posible que el proceso psicoterapéutico no sea la única manera de resolver sus dificultades, es indispensable a la hora de explorar el sistema interior y desenmarañar la adaptación infantil continuada.

El segundo deshollinador necesita ser reconocido. Su conducta está dominada por un niño adaptado* en busca de reparación. Todos podemos reconocernos en este ejemplo. La carencia de reconocimiento, amor, ternura, etc., alimenta esta adaptación en cuyo interior vive la ilusión de omnipotencia infantil.

La ilusión de omnipotencia infantil

El trayecto hacia el niño interior pasa por varias etapas, como los escalones de una escalera, que permiten profundizar en la relación con uno mismo. Una de ellas es la superación de la ilusión de omnipotencia infantil.[2]

El niño es egocéntrico por naturaleza. Se percibe como el centro de su mundo y desarrolla la ilusión de que posee poder sobre el resto de las personas y cosas. No puede concebir que algo exista sin él o con independencia de él. El pensamiento es mágico hasta los seis años de edad, aproximadamente. Mezcla lo real y lo imaginario. Al crecer, adquiere nuevas competencias y jerarquiza y ubica los objetos en el tiempo y en el espacio. El pensamiento mágico retrocede, pero no desaparece por completo. Sigue siendo una predisposición natural presente en todos nosotros.

Los adultos siguen adaptándose al mundo y guardan en secreto un pensamiento más o menos infantil. Con frecuencia, utilizan esa energía para pedir, exigir, imitar, obligar y tomar. Se comportan con los demás, con el planeta y con la vida como un niño carente de límites que desea obtenerlo todo inmediatamente. En ocasiones, se trata de una tendencia sutil, disfrazada con aires de madurez y responsabilidad.

Los niños no necesitan padres que satisfagan todos sus deseos. Para desarrollarse, necesitan un espacio en el que puedan expresarse y sentirse escuchados, pero con límites sanos. Los adultos no necesitan una vida que responda a todos sus deseos. El de la realización es un viaje hacia las posibilidades, en el que se aceptan la fragilidad, la vulnerabilidad y los límites.

Todos los adultos son, simultáneamente, un niño libre y un niño adaptado. El reto consiste en responder a su llamada interior sin esperarlo todo del exterior, sin exigir que los demás (o la vida) se conformen a su voluntad. Reconciliarse con el niño interior ofrece precisamente este posicionamiento responsable. La mayoría de las personas están en crisis. Han perdido la conexión directa con la energía de vida, con sus fuentes, con la fuerza de sus orígenes.

Vivencia o adaptación

Todos los miedos hacen que nos cuestionemos nuestro posicionamiento y nuestro vínculo con la vida. Si nos apoyamos en la búsqueda y en la expresión del Yo auténtico, los miedos se transforman en mensajeros que nos permiten estar más vivos y desarrollar empatía y compasión hacia nosotros mismos y hacia los demás. Vivir se convierte en la manifestación de nuestro potencial más profundo.

Si, por el contrario, nos apoyamos en un falso Yo*, en una personalidad basada en un sistema esclerosado, los miedos se convierten en géiseres emocionales, corazas psicocorporales y creencias fijas. Entonces, vivir rima con adaptarse. Adoptamos estrategias que nos permiten exigir lo que creemos merecer y responder a las demandas del exterior, con la esperanza (vana) de compensar las carencias y curar las heridas. Este sistema de defensa causa sufrimiento. Fomenta una relación dolorosa con uno mismo y con los demás, en lugar de una relación fluida, de apoyo y creativa.

Todos albergamos vivencia* y adaptación. El miedo, presente en los grandes conflictos internos, es como un barómetro. Pregunta: «¿Soy coherente con mi verdadera naturaleza?».

La pirámide de los miedos

«No se pregunte qué necesita el mundo.
Pregúntese qué despierta la vida, y hágalo.
Porque lo que el mundo necesita son personas
que se despierten ante la vida».

Howard Thurman

¿Quién no tiene miedo?

Los miedos subyacentes* son inevitables. Todos tenemos miedo. Quienes lo niegan, lo reprimen aún más. Tal y como nos ha enseñado el segundo deshollinador (p. 161), hay miedos potentes que impulsan estrategias disfuncionales. El deshollinador no era consciente de tener miedo, pero actuó como un títere. Su anhelo insaciable de reconocimiento deterioró su vida, volvió su propia inteligencia contra él y la convirtió en una fuerza destructiva que, por otro lado, está presente en todos nosotros.

Las conductas de riesgo son un flirteo con la muerte, para escapar al miedo a vivir. Escuchemos a Jérémy: «Me encantaba el *puenting*. No tenía miedo. Buscaba chutes de adrenalina, hasta el día en que el médico me diagnosticó daños importantes en las cervicales. Los saltos me provocaron lesiones comparables a los de un latigazo cervical repetido. Tenía riesgo de lesión medular. Tuve que dejarlo y me quedé sin lo que me apasionaba. Sentí por primera vez el vacío del que había estado huyendo sin saberlo. La vida me daba mucho miedo. A los veintiocho años, seguía siendo el eterno adolescente que se negaba a crecer. Creía que saltar desde puentes demostraba que había vencido al miedo, pero ahora sentía más miedo que antes».

Jérémy recuperó las riendas de su vida. Se lanzó a proyectos de los que antes se creía incapaz. Aún tiene miedo a construir su vida, pero ha recuperado el deseo de vivir y de realizarse.

Para vivir una vida plena, debemos superar los miedos subyacentes. Algunos no suponen una gran dificultad, mientras que otros son verdaderos obstáculos.

La jerarquía de los miedos

Al igual que sucede con las necesidades, existe una jerarquía de los miedos. Cuanto más aspiramos a satisfacer nuestras necesidades, más nos enfrentamos a miedos profundos a los que, en ocasiones, cuesta dar nombre.

El esquema siguiente propone una visión piramidal evocadora, aunque la realidad psicológica no es lineal, sino dinámica. El ser humano se construye como un rompecabezas, una pieza por aquí y otra por allá. La vida tiene etapas, pero nada nos impide volver atrás, explorar callejones sin salida o avanzar a grandes saltos. La vida, como un río, avanza sobre su lecho, supera obstáculos y, a veces, se estanca.

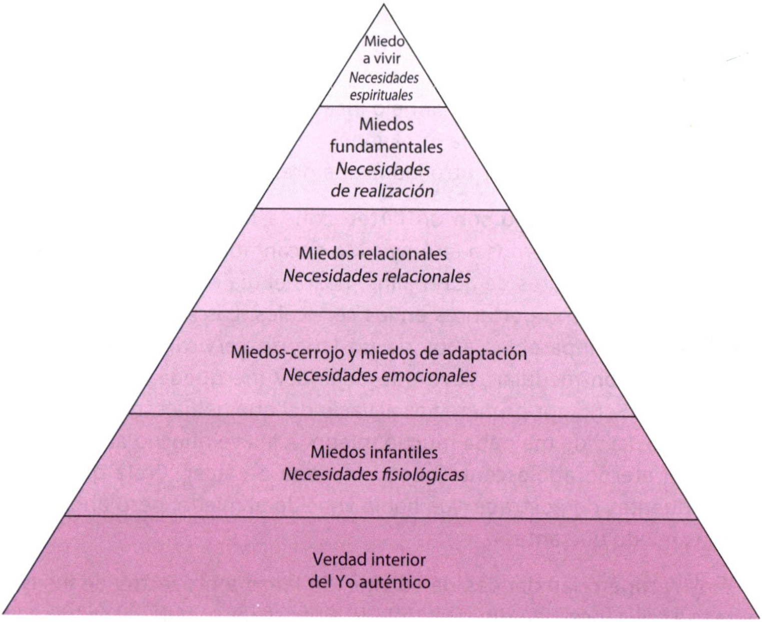

Todos somos únicos y experimentamos los miedos subyacentes con mayor o menor intensidad. A continuación, encontrará un recordatorio no exhaustivo de los distintos miedos.

Miedos infantiles	Miedo a la oscuridad, a la negrura, al monstruo (o a lo monstruoso).
Miedos-cerrojo	Miedo a perder el control, a revivir el sufrimiento de la infancia y a superar los límites.
Miedos de adaptación	Miedo a lo desconocido, a perder el amor, a hacer el ridículo.
Miedos relacionales	Miedo al rechazo, a ser juzgado, a la diferencia.
Miedos fundamentales	Miedo a la separación, al cambio, a desaparecer.

En función de su ciclo vital, de sus experiencias y de sus competencias, cada persona es más sensible a unos miedos que a otros. Por ejemplo, un anciano puede tener mucho miedo a desaparecer, algo menos frecuente en los adolescentes. Quienes han sufrido maltratos durante la infancia tendrán más miedo a revivir ese sufrimiento. Las conductas de un adolescente que perdió a su madre cuando era pequeño revelarán su miedo a la separación.

Muchas personas movilizan recursos para superar los miedos, mientras que otras los viven en secreto, y otras se sienten impotentes ante ellos. Todos necesitamos que nos escuchen teniendo en cuenta nuestra sensibilidad y el lugar en que nos encontramos, con empatía y con compasión.

La vida está sembrada de miedos subyacentes. Nadie puede escapar a esta realidad. Cada miedo es una oportunidad para expresar las necesidades asociadas al Yo auténtico.

¿Qué necesito en realidad?

¿Se lo pregunta con frecuencia? Si un miedo (o miedos) le paraliza o le limita, es posible que no dé ni a la pregunta ni a la respuesta la importancia que merecen en su vida. La pirámide de los miedos es una herramienta muy útil que permite visualizar el paralelismo entre los miedos y las necesidades. Hasta ahora, hemos hablado de las necesidades, pero no las hemos nombrado (a excepción de las relacionales). Ha sido deliberado. Quizás ya se haya dado cuenta de lo difícil que es reconocerlas. Y resulta sorprendente, dado que son prioritarias en una vida plena. Las necesidades nos conectan con el Yo verdadero y aumentan la vivencia*.

Es habitual que confundamos carencia y necesidad: «Necesito amor» y «Me falta amor». ¿Qué diferencia hay? La carencia es la reaparición de una necesidad insatisfecha y de la que estamos desconectados. La desconexión genera una sensación de vacío que nos lleva a la compulsión y a la dependencia. Intentamos llenar un pozo sin fondo. Por el contrario, la necesidad cumple una función regeneradora que está al servicio de la vivencia* y de la realización personal. Cuando escuchamos a nuestras emociones y miedos, diferenciar entre carencia y necesidad es mucho más sencillo.

Ejercicio breve

Póngase en pie y piense en una de sus necesidades. Fíjese en las sensaciones corporales que suscita. ¿Los hombros y el centro del pecho están abiertos o, por el contrario, nota tensión y contracciones musculares? Si la sensación es de apertura, está conectado con la necesidad y puede responsabilizarse de ella y satisfacerla. Si la sensación es de cierre, está en una posición de carencia, reclamación y exigencia.

Algunas necesidades básicas

Acabemos con el suspense. A continuación, encontrará una tabla en la que aparecen algunas necesidades básicas. La necesidad de ser feliz es una de las más esenciales y potentes. A su niño interior le encanta vivir feliz junto a usted. Si desea su bienestar, esmérese en satisfacer sus necesidades, que son también las suyas.

Necesidades fisiológicas	Comer, beber, respirar, dormir, vestirse, protegerse, tocar, sentir, hacer ejercicio físico, cuidar de uno mismo y de su salud, vivir la sexualidad, etc.
Necesidades emocionales	Amar, respetar, apoyar, compartir, comprender, divertirse, reír, sentirse seguro, pertenecer a un grupo, tener su lugar, sentir, llorar, expresar emociones y sentimientos, vibrar, afirmarse, etc.
Necesidades relacionales (definidas por Jacques Salomé)	Ser reconocido, hablar, ser escuchado, ser valorado, intimidad, crear e influir, soñar y esperar.

Necesidades de realización	Ser autónomo, hacer realidad los sueños, elegir los valores y creencias personales, integridad, autenticidad, crecer, realizarse, superar los modelos, activar cualidades, aprender, etc.
Necesidades espirituales	Celebrar la belleza, la armonía, la paz y la vida, ser feliz, superar los duelos (seres queridos, proyectos interrumpidos, etc.), comulgar con la naturaleza, conectar con el ser interior profundo,, abrirse a lo invisible, conciliar la fuerza y la fragilidad, experimentar la compleción (ser un adulto entero, uno y múltiple), etc.

Algunas de las necesidades superiores traducen aspiraciones profundas que se manifiestan de forma precoz en los sueños de infancia. Recuperar los sueños de niño es una manera de sentir, más allá de los miedos, lo que es esencial para nosotros.

Ejercicio del día: escuchar los sueños de infancia

Este ejercicio es muy potente, porque permite reintegrar la parte infantil indispensable para expresar el Yo verdadero.[3]

Fase 1. Complete con algunas palabras y sin reflexionar las frases siguientes:

- De niño, mi juguete preferido era...
- De niño, mi juego preferido era...
- De niño, mi cuento preferido era...
- De niño, mis dibujos animados preferidos eran...
- De niño, mi película preferida era...
- De niño, los libros que más me gustaban eran...
- De niño, cuando me preguntaban qué quería ser de mayor, decía...
- Ahora, sueño en secreto con...
- Si no creyera que es demasiado tarde o que soy incapaz, ahora...
- Siente un bienestar profundo cada vez que...
- Me siento seguro de mí mismo cuando...
- Estoy contento y feliz cuando...

Fase 2. Analice sus respuestas. Algunas se corresponderán con aspectos que aún percibe ahora. Otras quedarán más lejos. Son pocos los adultos que conservan y hacen realidad sus sueños infantiles. Los otros o bien hacen un duelo por ellos, o bien sienten un profundo arrepentimiento.[4]

Fase 3. El lenguaje principal de los niños es simbólico, porque aún mantienen la conexión con los símbolos que habitan en su imaginación. Aunque el sueño de un niño puede ser la expresión directa de una aspiración, lo más habitual es que se trate de una imagen simbólica. El niño utiliza objetos y luego palabras para transmitir las verdades esenciales que le atraviesan. Deberíamos descodificar muchos de nuestros sueños infantiles, porque nos recuerdan la conexión directa que el niño establece con la vida.

Todos los sueños de infancia guardan el secreto de aspiraciones profundas y de necesidades fundamentales. Reflexione de nuevo sobre sus respuestas. Reviva sus sueños de infancia mirando una película o leyendo uno de sus cuentos preferidos de entonces. Sea testigo de lo que vibra en su interior.

Los sueños infantiles no caducan. Siguen resonando con el impulso vital y creativo original. Escuchar los sueños significa volver a ser un niño para quien «[...] la vida y la muerte, lo real y lo imaginario, el pasado y el futuro, lo comunicable y lo incomunicable, lo alto y la bajo dejan de ser percibidos como algo contradictorio.»[5]

1. Jung, Carl Gustav; Kerényi, Charles, *Introduction à l'essence de la mythologie*, Payot (p. 158).
2. Expresión evocadora que Jacques Salomé utiliza con frecuencia para designar la omnipotencia infantil que perdura en la edad adulta.
3. Se trata de una variación más profunda de un ejercicio que proponemos en el libro *Réveillez vos ressources intérieures, op. cit.* (p. 102).
4. Según una encuesta de Linkedin entre ocho mil usuarios, el 30 por ciento de las personas encuestadas ejercen el oficio con que soñaban de niños o una profesión estrechamente ligada a él. Quienes no han hecho realidad su sueño de infancia lo explican de dos maneras: el 44 por ciento alegan intereses nuevos, el 15 por ciento declaran que su sueño era demasiado difícil de conseguir, y el 13 por ciento se han orientado a un oficio más lucrativo. Linkedin es una red social destinada a profesionales y cuenta con 225 millones de usuarios en todo el mundo.
5. Cita de André Breton, extraída de su *Manifeste du surréalisme*.

SÉPTIMA PARTE

Basta de tener miedo

al miedo

> Además de ser imposible, combatir los miedos intentando suprimirlos solo consigue desestabilizar la psique todavía más. Podemos convertir al miedo en un aliado. Aunque no dice la verdad directamente, sí que es una clave para abrir la puerta a una vida llena de compasión y de riqueza. Dejar de tener miedo al miedo permite vivir plenamente desde la plenitud del Yo.

DÍA 19

El miedo a las heridas de la infancia

La vida herida

«Todos los sufrimientos son consecuencia
de la identificación con algo,
ya sea en nuestro interior o en el exterior».
Anthony de Mello

El miedo y la carga

El miedo natural nos advierte de un peligro y su función principal es que podamos evitarlo. Es fundamental para nuestra protección y nuestra integridad. A veces, el miedo sano se activa tras el acontecimiento y confirma que, efectivamente, había un peligro. Hay personas que se avergüenzan o se sienten culpables de no haber podido o sabido evitar una situación traumática. Cuando esto sucede, se corre el riesgo de usar el miedo para alimentar una imagen deficiente de nosotros mismos. Sentir miedo no significa ser débil ni una pobre víctima.

El niño debe a prender a tener miedo al peligro, para no caer presa de abusos. Su confianza innata le impide cuestionar las conductas dañinas de sus padres u otras personas. Es crucial que reconozca la naturaleza de lo que hace daño. Para ello, necesita escuchar y dominar el miedo. El miedo es una reacción normal ante acontecimientos que hacen daño.

Muchos adultos no han conseguido gobernar el miedo. Lo reprimen o lo disimulan, para no volver a conectar con el sufrimiento de la infancia o para no sentir vergüenza de su vulnerabilidad. Se construyen un caparazón donde no cabe la fragilidad. Imaginan que así ya nadie podrá hacerles daño. Esta existencia conlleva cargar con una parte de la vida herida que no se admite ni se calma.

Lucie es una joven brillante. A los veintisiete años era la responsable de cuestiones legales y fiscales de un gran grupo bancario, y en tan solo tres años consiguió su primer puesto directivo. Dos años más tarde, la nombraron directora. Resumía su vida así: «He dedicado toda mi vida al trabajo. Jamás he estado de baja y siempre he estado al pie del cañón. Pero siempre también con el bolso cargado de comprimidos contra el dolor de cabeza o de barriga, las náuseas y el vértigo. He asumido funciones que no esperaba y mi nombre aparece en lo más alto del organigrama y en los artículos de prensa. Me siento orgullosa y avergonzada a la vez. Tengo la sensación de ser una impostora. Soy nieta de agricultores y nada me ha preparado y mucho menos legitimado para alcanzar este nivel de responsabilidad».

El miedo está intrínsecamente ligado a las heridas de la infancia que dejan en el cuerpo recuerdos cargados de emociones, sentimientos y convicciones (ideas o creencias) no digeridas. Los recuerdos se convierten en pesadas cargas en las que domina el miedo. Lucie lleva un peso cuyo síntoma es el dolor corporal.

Tras algunas semanas de trabajo sobre el niño interior, afirmó emocionada: «El mundo de la empresa y del poder me ha lavado sin suavizante. Soy como un robot que quiere complacer a los demás y responder a sus expectativas ocultas. Las lágrimas incontrolables, las migrañas, los calambres en el vientre... me hablan. Tengo miedo y no entiendo nada».

El apego al pasado

Todo sufrimiento, ya sea físico o moral, viene acompañado de miedo y de ira. Muchos prefieren deprimirse a sentir ira, una emoción tan rechazada que hasta es uno de los pecados capitales.[1] La ira está cargada de sensaciones perturbadoras. Nos da miedo perder el control, destruir al otro o enloquecer.

Tras años de controlarse en exceso, Lucie se desmoronó. Un comentario de su padre («Ya decía yo que te habían dado ese cargo demasiado pronto. Tendrían que haber esperado veinte años más») abrió las compuertas de la ira. Por primera vez, se dio permiso para expresar su resentimiento: «Estoy furiosa con mi padre. Me doy cuenta de que todo es culpa suya. Durante toda mi juventud escuché frases sin sentido a las que obedecí. Repetía sin cesar: "Nueve sobre diez sería mejor!, "Si tú fueras primera ministra, seguro que lo harías mejor", etc. Soy el producto de esa ley del siempre más, nunca es suficiente, nunca está lo bastante bien, siempre más arriba... Lo odio».

Unas semanas más tarde, empezó a cambiar de discurso: «Mi padre lo hizo lo mejor que supo. Él no tuvo padre y sufrió mucho porque no pudo estudiar. Entiendo que quisiera lo mejor para mí, y se lo agradezco».

Ambas reacciones reflejan un apego al pasado. Lucie sigue definiéndose en función de la conducta, las palabras y los juicios de su padre. Es un vínculo tóxico, porque le impide validar su verdad interior. Tanto el resentimiento contra su padre como las excusas con que lo justifica son dos caras de una misma moneda: la carga. Su éxito profesional no es más que una sobreadaptación a los mensajes que recibió durante su infancia. Los dolores que siente le advierten de la brecha que se abre entre su fidelidad a un modelo que le hace daño y su ser profundo.

La historia de Lucie representa algo que todos podemos vivir. Observe su propia vida sin juzgarse. Si mezcla la conducta de otros con sus heridas, significa que carga con un peso que aumenta con el paso del tiempo. Cuando nos asociamos a la violencia o al caos que generan las conductas de otro, creamos en nuestro interior una parte herida que no se cura. Es la parte que simboliza el niño adaptado*, que solo espera una cosa. Quiere recibir precisamente lo que le ha faltado por parte de las personas que lo rodeaban en los momentos en que estas no supieron o no pudieron estar a la altura. ¿Podemos curar una carga o, en otras palabras, podemos curar las conductas del otro? Obviamente, no, porque la conducta del otro pertenece al otro. Si seguimos aferrados al pasado, es decir, a las conductas del otro que nos hicieron daño, revivimos eternamente las perturbadoras emociones de miedo y de ira. Somos adultos hipnotizados* por el pasado, las marionetas de trances* regulares que cortocircuitan el formidable impulso vital y creativo en lo más hondo de nuestro Yo verdadero.

Sanar la vida herida

«Ese amor que tanto nos ha faltado no nos espera.
Está ausente y lo estará siempre.
Sin embargo, en tanto que adultos, podemos aprender, a través de la terapia, a amar al niño que éramos».

Alice Miller

La responsabilidad que nos corresponde

Muchos adultos tienen miedo a la confrontación. Temen confrontar al otro y hacer que asuma la responsabilidad sobre sus conductas. También temen aceptar que son responsables de sus propias emociones y conductas. Resulta más fácil culpar al otro del miedo o de la ira que sentimos o correr un velo sobre el pasado y decretar que tuvimos una infancia muy feliz. Todas las infancias tienen luces y sombras. No hay ninguna completamente feliz. Todos llevamos en nuestro interior una vida herida y nuestra misión es asumirla, aceptarla y acompañarla.

De niño, sufrió palabras y conductas que supusieron una violencia física, moral o psicológica. Se enfadó y tuvo miedo. Se sintió perdido, avergonzado o culpable. Ahora no le corresponde intentar entender qué motivaba a las personas que le hicieron daño. Se arriesga a excusar o a racionalizar conductas de las que no es responsable. Su verdadera misión consiste en legitimar al niño que llora, que tiene miedo y está enfadado, y que se expresa en su interior. Esta asunción de la responsabilidad que le corresponde llama a una ira y a una indignación sanas. Indignarse por lo que ha sufrido su niño interior es una señal de amor y de madurez.

Cuando Lucie reconectó con su niña interior, pudo tomar conciencia de su única responsabilidad: «Hay una cosa muy clara. Mi curación no es responsabilidad de mis padres, de mi pareja o de mi trabajo. Las escenas de mi infancia que me pasan continuamente por la cabeza me alejan de mi verdad. Me quedé atrapada en el dolor de la pequeña Lucie que, mientras me perdía en reproches o expectativas vanas con relación a mis padres, se quedó sola, aislada y falta de amor. Sí, mis padres me hicieron daño con algunas de sus conductas. No sentí su amor, sino una exigencia insoportable. No quiero seguir comportándome como ellos conmigo misma».

Identificar la violencia de las conductas que hemos sufrido, indignarnos (enfadarnos por nosotros, no contra el otro), dejar al otro la responsabilidad de sus conductas y validar nuestras emociones infantiles son etapas inevitables para curar las heridas de infancia.

La naturaleza de la curación psicológica

La curación psicológica no es un hecho, sino un proceso profundo. Endosar la responsabilidad de nuestra conducta a los demás puede comprometer el proceso de curación.

Hay quienes creen que curarse significa obtener el reconocimiento, el amor o la ayuda que les faltó, y que la curación de sus heridas depende de los demás. Le presentamos una idea revolucionaria que puede cambiarle la vida: curarse no tiene nada que ver con el otro. Las verdaderas heridas no se definen por la conducta de los demás, sino que son la llamada del niño pequeño triste y herido que hay en su interior.

Para curarse, hay que sacar al niño exiliado de las sombras y defenderlo sin controlar, juzgar, etiquetar o interpretar su verdad interior. Su niño interior* le enseñará que no es necesario hacer nada para que nos quieran. Cuenta con usted y le perdonará sus errores en cuanto lo reconozca. El amor de los padres sanos no depende de lo que el niño haga o deje de hacer. Desean que el niño llegue a ser lo que es verdaderamente, que atienda a sus emociones y siga sus propios deseos, necesidades y sueños. Garantice a su yo infantil el derecho a existir y a vivir plenamente. Protéjale y evítele las experiencias dolorosas que sufrió en el pasado. Sea fiel a su verdad interior y al niño que hay en usted.

Muchos miedos tienen que ver con la vivencia infantil. En el adulto, lo que transforma el miedo y lo vuelve paralizante es reprimir las emociones del niño interior. Si le concede a su niño interior el derecho a tener miedo, legitimará su verdad y liberará su potencia bloqueada. El miedo es una contracción natural de la respiración, una contracción de la vida ante el sufrimiento no reconocido y no validado. La vida herida en su interior es un sufrimiento digno de respeto.

Devolver la violencia

Los estados del Yo, cargados de fardos, utilizan el miedo para limitar la verdadera expresión de la persona. Si queremos librarnos de esa carga y asumir la responsabilidad que nos corresponde, a veces resulta crucial devolver simbólicamente la violencia que acumulamos de niños.

Sophie tiene veinticinco años y se muestra reticente a la idea de desvelar su verdad interior ante sus padres. Durante toda su infancia, ejerció de amortiguador entre una madre que amenazaba con marcharse y un padre alcohólico. Vino a la consulta para trabajar el miedo a que su padre muriera. Cuando era niña, su padre entró varias veces en coma etílico. Recuerda haber vivido una situación especialmente angustiante cuando tenía doce años. Su padre entró borracho en su habitación y le dijo: «Vengo a despedirme. He decidido poner fin a mi vida, y así ya no molestaré a nadie. No es culpa tuya. Te quiero con todo mi corazón». Sophie, aún una niña, hacía todo lo que podía para distraer y amar a su padre. Quería darle una razón para vivir.

Un día, llegó furiosa a la sesión. «Me enfurece pensar en la inconsciencia de mi padre. Me ha sacado completamente de mis casillas. Este fin de semana vino a verme a casa. Estábamos sentados en el sofá y empezamos a hablar de esto y lo otro. De repente, me soltó: "Al menos, mi problema con el alcohol no ha hecho sufrir a nadie. Por suerte, solo tiene que ver conmigo"». Sophie no dijo nada mientras él hablaba, pero durante la conversación se dio cuenta de que aún tenía miedo a que su padre la amordazara y le arruinara la vida. Seguía cargando con una responsabilidad que no le correspondía. Seguía aferrada al pasado. Su carga era un conjunto de miedos (miedo a perder a su padre, miedo a no quererlo lo suficiente, etc.) y de creencias infantiles (el poder de hacer feliz a su padre, el poder de curar a su padre, etc.).

Sophie preparó durante varios meses una manera de devolverle la violencia a su padre, por carta. Escribió lo que la pequeña Sophie había sentido durante esos acontecimientos tan traumáticos y dolorosos. Expresó cómo habían afectado a su vida, a sus relaciones con los demás y cómo seguían interfiriendo en la actualidad con la relación con su padre. Tomó partido por su niña interior y reveló su vivencia infantil. Eligió no seguir viviendo con la violencia del alcoholismo, que devolvió a su padre. También le propuso que reconstruyeran la relación sobre bases nuevas. Como ya no tenía miedo a perder a su padre, se comprometió a no aceptar más palabras o conductas que le hicieran daño. Al darse permiso para escribir esa carta, Sophie empezó a defender sus necesidades y a cuidar de su niña interior herida.

El objetivo de ese largo proceso de escritura no era ni reprochar ni conseguir nada. Cuando envió la carta, estaba asustada. Era la primera vez que iniciaba una confrontación así. Quince días después de haberla enviado, nos manifestó su sorpresa: «Mi padre me ha respondido. No creía que fuera a hacerlo. Me dice que lee la carta con regularidad y que le está ayudando a seguir adelante».

Por difícil y delicado que pueda parecer el proceso de devolución, es el acto más adulto, más regenerador y más lleno de amor que se pueda hacer y suele necesitar de un acompañamiento terapéutico lúcido. La confrontación con un progenitor es liberadora siempre que sea justa y coherente con la verdad del niño interior. No se trata en absoluto de descargar emociones como la ira o el odio, ni de reprochar, castigar, intentar destruir al otro u obtener un resultado concreto (reconocimiento de los hechos, una petición de perdón, una disculpa, etc.).

Honrar la vida herida

Si no asumimos las heridas y las verdaderas emociones del niño, seguiremos viviendo bajo el yugo de sus miedos. Aunque temamos hacer daño al otro si le desvelamos nuestra verdad, en realidad no es más que un pretexto para no cambiar. ¿Por qué aceptamos mantener los vínculos tóxicos en lugar de liberarnos?

El sufrimiento es insoportable para el niño y engendra un caos interior indescriptible. La herida se incrusta en lo más profundo de su ser y el sistema psicológico utiliza estados del yo (bomberos o mánagers, véase página 61) para encarcelar a la vida herida.[2] La herida original siempre es menos dolorosa que traicionarse a uno mismo y vivir de espaldas a la propia vida.

Estamos convencidos de que el miedo es una oportunidad para honrar a la vida herida y desarrollar compasión hacia el niño frágil que hay en nuestro interior. Cuando el miedo le haga sentir: «Voy a morir, a desaparecer o a convertirme en un muerto en vida si no me convierto en lo que soy en realidad», sentirá que algo hace clic en su interior. Aceptará tomar las riendas de su vida. Este sobresalto es común a todas las personas que transforman su existencia. Es un despertar espiritual que permite honrar la vida herida, es decir, reconocer qué nos ha hecho daño y aceptar la herida. Este despertar abre las puertas a una vida serena entre los demás y a la distancia justa para proteger su vulnerabilidad y su fragilidad.

El ejercicio del día: desenrede la relación con sus padres

Fase 1. A continuación, encontrará una serie de frases que reflejan lo que puede sentir hoy hacia sus progenitores (padre, madre o ambos). Solo tiene que marcar las casillas Sí o No.

Emociones en la relación actual con mis padres	Sí	No
Tengo miedo cuando mis padres alzan la voz o se enfadan.		
Tengo miedo de enfadarme con mis padrest.		
Tengo miedo cuando debo decirles algo que sé que no quieren escuchar.		
Tengo miedo a perder su amor.		
Tengo miedo cuando no estoy de acuerdo con ellos.		
Tengo miedo cuando intento mantener mi postura ante mis padres.		
Tengo miedo a no estar a la altura de las expectativas de mis padres.		
Tengo miedo a decepcionar a mis padres.		
Tengo miedo a decirles que no.		
Tengo miedo de haberles arruinado la vida a mis padres.		
Tengo miedo a que me rechacen si les explico determinadas cosas de mí.		
Tengo miedo a verme obligado a hacer lo que me piden.		
Tengo miedo a que mis padres no acepten a mi pareja.		
Tengo miedo a descubrir los secretos familiares.		
Tengo miedo a desvelar un secreto que me han confiado mis padres.		

Emociones en la relación actual con mis padres	Sí	No
Tengo miedo a no seguir los consejos de mis padres.		
Tengo miedo a hacer daño o a dar pena a mis padres.		

Si ha contestado que SÍ a una o varias de las afirmaciones, la relación tiene algún aspecto disfuncional. Quizás aún sea un niño adaptado ante sus padres. Desarrolle su libertad para aspirar plenamente a una vida que se parezca a usted. Cuide de sus heridas y de sus emociones infantiles legítimas, para dejar de vivir bajo el peso del pasado.

Fase 2. A continuación, encontrará algunos principios innovadores y energizantes que le acompañarán en este camino.

- Sus padres ya no son sus padres. La de padre o madre es una función necesaria para ayudar al niño a crecer. Como usted ya es adulto, no necesita un padre externo.
- No está en deuda por lo que sus padres han hecho por usted. El amor no es ni un deber ni una obligación. No se devuelve. Su mera presencia infantil les ha satisfecho con creces. Si no ha sido así, los únicos responsables son ellos.
- Sus padres han creado una vida, la de usted, de la que usted es el único depositario en la actualidad. Que les esté agradecido o no, no cambia nada. La única pregunta que debe hacerse es: ¿cómo va a embellecer su vida?
- Sus padres no son responsables ni de su desdicha ni de su felicidad. Son responsables de sus propias conductas. Si no se han portado bien con usted, exprese su indignación. Algunas conductas son punibles ante la ley. No les excuse ni intente perdonarlos. No sirve de nada. Su niño interior le guiará hacia relaciones más sanas y enriquecedoras.
- Reconocer los defectos de sus padres, indignarse por las conductas que le dolieron y librarse de la violencia que ha sufrido es sano y salvador. Le abre las puertas a convertirse en mejor padre para sí mismo.
- No está obligado a mantener la relación con sus padres. Las relaciones sanas implican un intercambio libre, de adulto a adulto, desde la igualdad y sin presión jerárquica (padre/hijo, el que sabe / el que no sabe, el que solo tiene derechos / que solo tiene obligaciones, etc.).

- Elegir perdonar al otro es una forma de negarse a uno mismo.[3] Cuando cree que perdona al otro, en realidad cultiva una ilusión de omnipotencia infantil. Cree que tiene poder sobre el otro y sobre su conducta. De un modo pernicioso, se pone por encima de él y abandona a su niño interior, que llora asustado.
- Rehabilitar su vivencia infantil le dará serenidad. Podrá cortar los vínculos tóxicos con el pasado y generar relaciones beneficiosas con el otro. Rehabilitar la vivencia permite hacer las paces con uno mismo y con su historia. Entonces, la idea de perdonar al otro carece de sentido.
- Aprenda a perdonarse a sí mismo y acepte su imperfección, su fragilidad y su vulnerabilidad. Las cargas desaparecerán en cuanto acepte lo que hay de pequeño y frágil en usted.

Integrar estos principios le permitirá superar el miedo subyacente* más paralizante de todos: el miedo a vivir plenamente.

1. La ira es uno de los siete pecados capitales, junto a la pereza, el orgullo, la gula, la lujuria, la avaricia y la envidia, que identificó Tomás de Aquino, un monje dominico del s. XIII. El adjetivo «capital» no alude a su gravedad, sino a que conducen a otros pecados. En nuestro inconsciente judeocristiano, la ira genera el miedo a empeorar la situación.
2. La increíble resistencia emocional del niño tiene que ver con su extraordinaria capacidad para superar las dificultades, pero «los traumas precoces de origen interpersonal pueden acabar imponiéndose a factores de resistencia emocional genéticos, constitucionales, sociales o psicológicos», cita de John Bradshaw extraída de *Découvrir ses vraies valeurs, op. cit.* (p. 123).
3. Perdonar al otro es otro concepto religioso que habita en el inconsciente judeocristiano, que los psicoterapeutas que aceptan ser testigos lúcidos y bondadosos de la experiencia infantil cuestionan. Múltiples estudios han demostrado lo nocivo que resulta, tanto psicológica como espiritualmente. El libro *Pardonner – Tyrannie ou libération?*, InterÉditions, 2008, de Sylvie Tenenbaum, es una de las obras de referencia sobre este tema.

DÍA 20

El miedo hace al héroe

Convertirse en el héroe de la propia vida

«¿Qué mérito tendrían los héroes si no sintieran miedo jamás?».

Alphonse Daudet

La función del héroe

Joseph Campbell, historiador estadounidense especialista en mitología, asegura que la figura del héroe es fundamental para la sociedad y para la persona, porque vehicula energías universales de emancipación y de crecimiento personal.[1] El héroe es un arquetipo, una idea clave del inconsciente colectivo que alimenta los estados profundos de la psique. A lo largo de las etapas de su viaje, el héroe se encuentra inevitablemente con el miedo bajo distintas formas: miedo a lo desconocido, miedo a la muerte, miedo a franquear una frontera irrevocable, miedo a su propio poder, etc. El héroe ayuda al niño a crecer y al adulto a realizarse.

La saga de *Star Wars* ocupa un lugar muy importante entre los mitos modernos. Su creador, George Lucas, se inspiró en gran medida en la obra de Joseph Campbell. En la segunda película de su primera trilogía, *El Imperio contraataca*, el héroe Luke Skywalker descubre al maestro Jedi Yoda en el planeta Dagobah.[2]

Los diálogos son metafóricos y transmiten muchas enseñanzas sobre el miedo. Utilizan la Fuerza como metáfora de la vida y del impulso vital y creativo en cada uno de nosotros. Luke es el héroe, al que todos podemos encarnar a medida que superamos los retos que nos plantea la vida. Yoda es el piloto interior, el verdadero Yo, que inspira y guía. El Jedi obtiene su poder del conocimiento y de la experiencia de que todo está conectado. Todos podemos superarnos y cambiar nuestra percepción de la realidad si adoptamos una postura nueva ante nuestras experiencias. Los diálogos explican cómo nos bloquea el miedo y cómo podemos liberarnos.

El círculo vicioso de bloqueo

Primer diálogo:

—(Luke) ¿El lado oscuro es más fuerte?

—(Yoda) No, más rápido, más fácil y más seductor.

—¿Y cómo se distingue el lado bueno del malo?

—Lo sabrás cuando estés sereno, en calma y pasivo. Un Jedi utiliza la Fuerza para conocer y para defenderse, jamás para atacar.

Primer bloqueo: nos sentimos prisioneros del miedo y no percibimos su lado oscuro. Este lado oscuro no es ni el bloqueo ni la parálisis. Aunque el miedo excesivo sea incómodo, contribuye a mantener el *status quo*. La «fuerza oscura» del miedo reside en este engaño.

Creemos en el miedo para evitar sentir la incomodidad de la verdad interior.

El síntoma desvía la atención. Es más fácil creer en el miedo que enfrentarse a él. La clave está en descender a lo más profundo de uno mismo y llegar a ese espacio sereno de nuestro interior. «Así, justa será la acción», como diría Yoda.

Segundo diálogo:

—(Luke) ¿Dónde estamos? Estoy helado... es como morir.

—(Yoda) Este lugar invadido está por el lado oscuro de la Fuerza [...] Entrar tú debes.

—¿Qué hay dentro?

—Lo que tú lleves. Tus armas, necesitarlas no has.

Luke entra y se enfrenta a su mayor miedo, Darth Vader. Lo atraviesa con su sable láser, y cuando descubre el rostro de su enemigo, ve el suyo propio. Aún desconoce que Darth Vader es su padre.

Segundo bloqueo: enfrentarse al miedo lleva al autoconocimiento, pero nos arriesgamos a enfrentarnos a nosotros mismos. Los miedos más oscuros ocultan gran parte de la emoción infantil. Darth Vader es un ser mitad hombre, mitad máquina. Es el burócrata celoso de un sistema totalitario. No vive en función de sus necesidades personales, sino a partir de unas normas deshumanizantes. Simboliza una pulsión destructiva.

Quiero destruir partes de mí. Quiero erradicar mis miedos.

Es inútil proponerse aniquilar los aspectos oscuros y rígidos de nuestro sistema interior. Es imposible. Lo único que podemos conseguir es justo lo contrario: reforzarlos. La clave reside en cultivar una postura serena y de escucha ante las otras partes del Yo. Es un camino que lleva de la guerra con uno mismo a la paz con uno mismo.

Tercer diálogo:

Luke intenta usar la Fuerza para sacar su nave espacial de una ciénaga.

—(Luke) [...] No, no podré sacarla

—(Yoda) ¿Cómo estás tan seguro? Contigo, nunca se puede nada. ¿No escuchas lo —que dices?

—Mover piedras es una cosa, pero esto es absolutamente distinto.

—Solo es distinto en tu mente. Desaprender todo lo que has aprendido debes.

—Quieres lo imposible. No me lo creo.

—Y por eso fracasas

Tercer bloqueo: los únicos límites que debemos superar son interiores. La Fuerza reside en la liberación de la energía vital, en el contacto con una instancia superior interna. Sometidos al yugo del miedo, desconocemos nuestra grandeza y nuestro poder. Olvidamos nuestra naturaleza espiritual. Somos como el águila criada junto a pollitos y que muere convencida de haber sido una gallina durante toda su vida.

Olvido mi naturaleza espiritual.

Círculo vicioso del bloqueo:
los bloqueos de la experiencia del miedo.

La vía del héroe

Como todo contenido inconsciente, la imagen del héroe tiene una faceta luminosa y otra oscura. Recuerde que el miedo es sistémico. Se inserta en varios estados de la psique que, con frecuencia, luchan entre ellos. La personalidad es el resultado de este combate. El Yo consciente y su yo habitual, que se definen como uno, actúan y descartan todas las subpersonalidades, que pierden el derecho a la palabra. Podemos comparar este funcionamiento con el de un régimen dictatorial, como el de *El Imperio contraataca*. En este caso, el verdadero Yo se ha exiliado, se esconde y es muy difícil acceder a él, como sucede con el maestro Yoda, oculto en el remoto planeta Dagobah. Allí, Luke Skywalker encuentra lo que busca: un guía espiritual. La dinámica del héroe se basa en la cooperación, no en la competición. Luke recibe la ayuda de la princesa Leia, del contrabandista Hans Solo, de Chewbacca y de sus fieles robots. Sus compañeros representan elementos dispares que al final hace un frente unido contra la opresión.

Anakin Skywalker, el padre de Luke, se transformó en Darth Vader. También fue un héroe, pero entró en un callejón sin salida, el del poder sobre los demás. Para realizarnos, debemos recorrer nuestro interior. Jung afirmó que: «La única aventura aceptable para el hombre de nuestra época está en el interior de sí mismo». Esta vía conduce al descubrimiento del piloto interior y a la cooperación con la multiplicidad psíquica. Hay personas que se niegan a emprender la vía del héroe y prefieren apoyarse en los valores de poder, separación y lucha.

Superar los límites del Yo

«La locura consiste en hacer siempre lo mismo y esperar un resultado diferente».

Albert Einstein

Las claves para liberarse del miedo

El miedo hace al héroe. Para liberarnos del miedo, debemos mirarlo a los ojos y separarnos de su objeto. El miedo-objeto mortifica y paraliza cuando nos dejamos hipnotizar por sus síntomas.

El miedo a... es fruto del pensamiento aferrado al pasado y preocupado por el futuro.

El miedo sano es una emoción básica, sin objeto. Nos incita a adentrarnos en nosotros mismos, a descubrir deseos, necesidades e impulsos de vida. Es crucial si queremos adquirir las claves para liberarnos del objeto del miedo. Estas claves son meta-posiciones,[3] es decir, posturas que conducen a:

- Disociarse: no soy la emoción de miedo.
- Desapegarse: observo lo que sucede en una parte de mí.
- Distanciarse de las experiencias de miedo: estoy presente aquí y ahora. Mi pasado ya no está detrás de mí, y mi futuro tampoco está delante.

Cada vez que adoptamos una metaposición nos inscribimos en la vivencia*. Las tensiones se calman; el miedo, la ansiedad y las crisis de angustia disminuyen. El ritual psicocorporal que presentamos el primer día cultiva la metaposición.

¿Cuáles son las claves para liberarnos del miedo-objeto?

Primera clave: el miedo nos remite a nuestra fragilidad en tanto que seres humanos. Si el objeto del miedo es imaginario, nos indica que hay una estrategia psicológica en juego. Hay una verdad, una emoción del niño interior exiliado que intenta ascender a la conciencia, pero el miedo se lo impide.

Dejo de aferrarme y entro en mi interior con valentía.

Segunda clave: el miedo es una llamada. Las subpersonalidades internas se expresan y exigen atención. No debemos juzgarlas. Tienen su propia historia, su propia voluntad y sus propias motivaciones. Podemos mantener la serenidad, aunque parte de nosotros sienta ira o miedo o sufra.

Acepto sin juzgar a todas las partes que se expresan en mí..

Lo que permanece oculto en la sombra acaba por hacerse con el poder. Aceptar las subpersonalidades requiere suavidad, fuerza y compasión, y dejar a un lado la autocomplacencia, para permitir que la luz atraviese las tinieblas interiores.

Tercera clave: en la escena del tercer diálogo de *El Imperio contraataca*, Luke no consigue sacar la nave de la ciénaga y el maestro Yoda lo hace por él. La cuestión no es saber qué es posible y qué no, sino definirse de otro modo, para poder acceder a todo nuestro poder interior. El ser humano tiene una naturaleza espiritual que se encarna de forma material. La vida material nos lleva a reflexionar sobre los límites de nuestras percepciones, representaciones, motivaciones, elecciones y decisiones.

Acostumbro a ir más allá de los límites que me definen.

Todos podemos acercarnos a nuestro centro, a nuestro piloto interior y abordar las experiencias inéditas con una mirada nueva.

Círculo virtuoso de la liberación : meta-posiciones para liberar la vitalidad

Escuchar al piloto interior

El miedo es una calamidad si el Yo lo usa de amparo y se asocia con él. Por el contrario, se convierte en una herramienta valiosa si lo utiliza para dejar que el Yo verdadero inspire y oriente las elecciones. El héroe es el campeón del Yo. El Yo-héroe elige la aventura interior. Su conducta y sus actos materiales son fieles a su experiencia interna. Amplía la conciencia de sí mismo y de la vida, porque se escucha. El verdadero héroe encarna lo que es: un Yo auténtico inspirado por su esencia espiritual, su Yo.

El Yo* es inmutable, imperecedero e impalpable. Es la esencia espiritual más allá de toda expectativa externa. Es un estado de conciencia particular donde la mente es libre y está viva y en paz. Es la manifestación de lo más profundo, más vivo, más creador y más lleno de amor que hay en nosotros. Para conocer al Yo, es indispensable que dejemos de aferrarnos a lo mental, a la parte de nosotros que cree saber, que planifica y que controla. «No preguntes por el camino a alguien que ya lo conozca o no podrás perderte», decía el rabino Najman. El contacto con el Yo exige silencio y abandono. El falso Yo* (la personalidad adaptada y asociada a funciones, creencias y valores rígidos) no lo acepta. El verdadero Yo (el héroe que protege al niño) se lanza al redescubrimiento de lo que parece desconocido.

El verdadero héroe no huye del miedo: lo canaliza para actuar. El miedo hace al héroe, porque le pregunta: «¿Quién ha actuado?», ¿Es el Yo inquieto, asustado y dominado por el peso del pasado y del futuro, o es el Yo abierto, bondadoso y confiado que ha aprendido a orquestar su multiplicidad psíquica para ponerla al servicio de su esencia? Se trata de una pregunta fundamental en la vida de todos. Las meta-posiciones le ayudarán a responderla. No serán respuestas sencillas ni binarias. Si las escucha, podrá escuchar también la voz de su piloto interior y navegará y vivirá plenamente.

El ejercicio del día: cree sus afirmaciones positivas personales

En este vigésimo día, le animamos a cultivar meta-posiciones mediante la creación de afirmaciones positivas.

A pesar de los resultados extraordinariamente beneficiosos que ofrece, no siempre se da a la práctica de afirmaciones positivas la importancia que merece. El noventa por ciento de los miedos carecen de fundamento, pero se alimentan de un entorno psicológico pesimista. Ver la botella medio vacía no nos hace felices. Las afirmaciones positivas permiten modificar las percepciones y las representaciones.

Se usan desde hace mucho tiempo y podemos encontrarlas en la práctica del yoga Nidra, que sintetiza rituales indios ancestrales y que Swami Satyananda formalizó en la década de 1950. Se llaman Sankalpa, o intenciones positivas que se proponen a la mente.

Las afirmaciones positivas abren una puerta al subconsciente y conducen al cambio. Son más potentes cuando se pronuncian en voz alta, por la mañana o por la noche, en un estado de relajación física. También puede escribirlas veintiuna veces en un folio en blanco.

A continuación encontrará algunas normas para crear sus afirmaciones personales.

- Utilice formulaciones en positivo, sin negaciones ni connotaciones perfeccionistas. Evite términos como «totalmente», «perfectamente», «completamente»...
- Formúlelas en la primera persona del presente de indicativo.
- Describa una acción o un estado que sea posible alcanzar y que solo dependa de usted.
- Finalmente, elija una formulación abierta a la novedad, al progreso y a lo desconocido.

El trabajo con afirmaciones positivas es a largo plazo y, con toda seguridad, pasará por una etapa de resistencia a los pensamientos nuevos. Es normal. También es posible que no perciba inmediatamente los beneficios de esta práctica. Las sensaciones emocionales y corporales pueden ser alentadoras o no. No se aferre demasiado a ello. Gran parte de los beneficios de las afirmaciones positivas son subyacentes. Llegará un día en que, sencillamente, se dará cuenta de que se han vuelto naturales y que reflejan una manera nueva de definir y concebir su propia vida.

Aquí tiene algunas afirmaciones que le servirán de ejemplo:

- Escucho a las subpersonalidades que se ocultan detrás de mis miedos.
- Acepto a mi niño interior* con respeto y bondad.
- Cada día valoro mis progresos y me quiero más.
- Dejo de aferrarme y confío en la vida.
- Elijo mis relaciones y comparto la alegría de ser yo mismo.
- Soy libre de ser quien soy y enriquezco mi vida con experiencias nuevas.
- Escucho a mi mundo interior para actuar con exactitud.

1. El libro de referencia de Joseph Campbell es *Le héros aux mille visages*, Oxus, 2010.
2. Los Jedis son personajes de ficción de la saga *Star Wars*, de George Lucas. Son guerreros filosóficos cuya misión es proteger la paz. Cuentan con poderes sobrenaturales que obtienen de la Fuerza. La Fuerza es un campo de energía que abarca a todos los seres vivos del universo *Star Wars*. Proporciona capacidades extraordinarias a personas determinadas.
3. Término procedente de la Programación Neuro-lingüística (PNL).

DÍA 21

Vivir plenamente y colmarse de uno mismo

El miedo a vivir plenamente

«La grandeza reside en todos y cada uno de nosotros».

Abraham Maslow

La vida es sufrimiento

A muchas personas les cuesta aceptar la primera verdad de Buda: «Todo es sufrimiento». La sociedad occidental actual equipara la felicidad con ausencia de sufrimiento y de frustración. Mientras no abandonemos esta percepción ilusoria, el miedo seguirá siendo fuente de malestar.

La aceptación del sufrimiento inherente a la vida parte de la compasión por la vida herida en nuestro interior. Necesitamos al miedo-aliado para emprender el camino hacia la plenitud. Nos invita a que nos dejemos guiar por nuestra mirada hacia el interior: «Abra su ojo interior y obsérvese. Deje de buscar la lámpara exterior que le ilumine internamente. Encienda su propia luz interior».[1]

Quienes esperan encontrar respuestas en el exterior sufren inútilmente, y sus temores son proporcionales a sus expectativas. Sufren ahora por lo que temen que suceda en el futuro. Esta búsqueda exterior es inútil y da lugar a dos miedos muy generalizados: el miedo al fracaso y el miedo al éxito.

El miedo al fracaso

Abraham Lincoln afirmó que: «Lo que me interesa saber por encima de todo no es si habéis fracasado, sino si habéis sabido aceptar vuestro fracaso». Muchas personas no pueden emprender una acción si antes no han evaluado detenidamente el riesgo de fracasar. Es la mejor manera de confirmar que el fracaso es inevitable.

Podemos optar por limitarnos durante mucho tiempo a vivir por debajo de nuestras posibilidades y no descubrir jamás que los fracasos son éxitos disfrazados. Basta con fijarse en lo que conseguimos en lugar de en lo que no. Si nos libramos del miedo al fracaso, la vida se vuelve más serena. Podemos sentir y asimilar que siempre nos espera lo mejor..., aunque a veces no sepamos qué es lo mejor para nosotros.

El miedo al éxito

Se asocia a una orden interior que clama: «¡No lo conseguirás!». El verdadero éxito consiste en conseguir lo que es fuente de vivencia* para nosotros y escapa a la conformidad que los demás intentan imponernos: «Si lo consigues, no irá tan bien como antes», «Ya no eres el mismo», «No me gusta la persona en la que te estás convirtiendo», «Estás diferente, más distante», etc. A los cascarrabias no les gustan las personas felices. Prepárese. Cuando consiga vencer sus miedos, habrá quienes expresen su malestar: «¿Estás seguro de que te encuentras mejor?», «No te fíes, los miedos pueden volver» o «Sería mejor que esperaras antes de lanzarte». Estas mismas frases viven también en su interior y reflejan sus creencias antiguas. Preste atención y no deje que nadie le defina, le bloquee o cuestione el poder que tiene sobre sí mismo.

Hay quienes prefieren autolimitarse, para no hacer sombra a los demás y para no salirse del camino marcado. Mantienen un nivel «adecuado» de tristeza que, con frecuencia, se conforma al ambiente familiar de su infancia. El miedo al éxito y el miedo al fracaso están íntimamente relacionados.

El éxito también puede dar miedo por sí mismo. Si, por ejemplo, tener éxito significa ser reconocido, tener dinero, hacerse ver..., y eso no se corresponde con quien es usted, parte de usted no querrá tener éxito. Este éxito es exterior y no puede ser fuente de vivencia.*

El miedo a traicionarse

El testimonio de Marie-France

Hace unos años, acepté que un programa de televisión muy conocido grabara una de mis sesiones de teatro (entonces dirigía talleres de improvisación teatral, además de trabajar como psicoterapeuta). La propuesta me pareció muy interesante, ya que incluía la emisión del documental y una entrevista en *prime time*. Sin embargo, desde el primer momento noté que algo chirriaba. Nada sucedía según lo previsto. Entendí enseguida que la producción no era bienintencionada. Decidí convocar una pequeña reunión de crisis en los aseos (¡era el único sitio donde no funcionaban los micros!) e invité a los integrantes de mi grupo a que estuvieran atentos. Al final de la grabación, el director me convocó, visiblemente alterado. Quería que rectificara algunas de mis declaraciones, porque no encajaban con el mensaje que la productora intentaba transmitir. Me negué y me reprochó que quisiera controlar mi imagen. Le respondí sin pensar: «No tengo la menor intención de deformar lo que creo y lo que defiendo». Mi respuesta le dejó estupefacto. Estaba convencido de ofrecerme un puente de oro al éxito y esperaba que me sometiera a sus deseos. La retransmisión del programa se anuló. Me alegré mucho, porque no estaba dispuesta a traicionarme a mí misma y ofrecerme en bandeja a los medios de comunicación a cambio de un supuesto éxito. El éxito no puede llegar a costa de traicionarnos a nosotros mismos. El miedo a traicionarse es una defensa sana de la integridad. Y garantiza el verdadero éxito.

Dominar el miedo

Vivir plenamente es una experiencia diaria. Significa escuchar a lo más vivo, creativo, feliz y lleno de amor que hay en nosotros. Recuerde que la alquimia del adulto que toma de la mano a su niño interior es una de las claves para la realización personal plena. Ramana Maharshi afirmaba que: «Concentrarse en el corazón significa centrarse en el Yo. Corazón es otro nombre que damos al Yo».[2]

El libro le ha acompañado durante estos veintiún días en que ha aprendido a dominar el miedo. Con la práctica, conseguirá vivir de forma natural una vida más rica y profunda. Ya no tendrá miedo al miedo, porque, a partir de ahora, esta emoción le conducirá a una aventura interior increíble, en un viaje que le proporcionará el valor y la alegría necesarios para poder ser más usted mismo.

Ahora, sintetizaremos las veintiún etapas que hemos explorado:

1. Ver más allá del síntoma.
2. Escuchar al propio cuerpo.

3. Superar los límites personales.
4. Emanciparse de la visión lineal del tiempo.
5. Esclarecer la identidad ficticia.
6. Identificar los estados del sistema interior.
7. Reconectar con los miedos infantiles.
8. Sacar a la luz lo que se oculta en la sombra.
9. Descubrir la verdad del niño interior.
10. Rechazar toda forma de violencia en las relaciones.
11. Ser buen padre para uno mismo.
12. Vivir en armonía con los demás.
13. Conectar con la fragilidad y la vulnerabilidad propias.
14. Aceptar cambiar con regularidad las percepciones sobre uno mismo y sobre la vida.
15. Ser una persona viva (y no una imagen rígida).
16. Darse autorizaciones nuevas.
17. Escuchar los deseos, las necesidades y los sueños propios.
18. Ponerse en primer lugar.
19. Aceptar la vida herida interior.
20. Posicionarse como el héroe de la propia vida.
21. Vivir plenamente.

Cómo vivir plenamente

«El proceso de vivir bien consiste en lanzarse plenamente a la corriente de la vida».

Carl Rogers

Ser un buen director de orquesta

Gran parte de nuestro impulso vital y creativo* permanece atrapado en el corazón. Liberarlo conduce a la plenitud y a la sensación de tener una vida fértil.

La obra de Richard C. Schwartz ofrece una mirada nueva sobre la psicoterapia y demuestra que es posible liberar a los estados internos de sus pesadas cargas. Su imagen del director de orquesta ilustra la actitud bondadosa y compasiva del Yo verdadero: «Un buen director de orquesta es consciente del valor de cada familia de instrumentos y del talento de cada músico. Conoce la partitura hasta tal punto que sabe cuándo debe anteponer unos grupos de instrumentos a otros. De hecho, es importante que los músicos sepan modular la intensidad de sus juegos individuales en beneficio del conjunto. Aunque todos deseamos que se nos escuche y queremos demostrar nuestro talento y anteponer el grupo de instrumentos al que pertenecemos, sabemos que debemos seguir las instrucciones y respetar las decisiones del director.»[3]

No nos convertimos en un buen director de orquesta de la noche a la mañana. A veces la sinfonía qe nos toca dirigir es cacofónica. Cuanto mayor es nuestro contacto con el niño interior, más cultivamos la compasión, la confianza y la visión para llevar una vida interior armoniosa y rica. Encarnamos un verdadero Yo capaz de dar cabida a su multiplicidad psíquica y de estar al servicio de la propia esencia.

Renovación cotidiana del papel de padres

Nuestro niño interior es eterno. [Lo grande inspira cada paso...]. Lo grande inspira cada paso y lo pequeño languidece de amor. Este poema resume a la perfección la necesidad de ser a diario un buen padre para uno mismo y aceptar la vida herida que albergamos en nuestro interior:

¿Quién llorará por ese niño
perdido y solitario?
¿Quién llorará por ese niño
abandonado a su suerte?
¿Quién llorará por ese niño
que llora hasta quedar dormido?
¿Quién llorará por ese niño
que nunca tuvo nada propio?
¿Quién llorará por ese niño
que caminó por la arena ardiente?
¿Quién llorará por ese niño,
ese niño dentro del hombre?
¿Quién llorará por ese niño
que conoció maltrato y dolor?
¿Quién llorará por ese niño
que murió una y otra vez?
¿Quién llorará por ese niño,
el niño bueno que quiso ser?

¿Quién llorará por ese niño
que llora dentro de mí?
Lo haré yo.[4]

Estar presente, aquí y ahora

Ya hemos abordado el impacto que tiene sobre el miedo la representación del tiempo. Si vivimos en un eje pasado-presente-futuro, construimos una visión deformada de nosotros mismos. El pasado parece estar cerrado, pero sigue entorpeciendo nuestro avance, y el futuro desconocido es más o menos angustiante. Este condicionamiento impuesto por la visión lineal del tiempo limita el acceso a múltiples recursos.

Según el físico Philippe Guillemant[5], investigador del Centro Nacional de Investigaciones Científicas francés, el futuro ya se ha materializado, pero de forma incompleta y múltiple. Por lo tanto, todos podemos acceder a información sobre nuestro futuro y ejercer el libre albedrío para construirlo. Estas investigaciones presentan un paradigma nuevo (una representación nueva del mundo): el tiempo solo emana de uno mismo. No es absoluto y varía en función del observador (uno mismo). Cuanto más ralenticemos nuestra vida, más tiempo tendremos. El acceso a información sobre el pasado y el futuro no tiene nada que ver con lo que vivimos ni con el tiempo del que creemos disponer. La información vive en el Yo. El silencio, la contemplación, la meditación, la respiración, soñar despierto... son técnicas que permiten abrirse a la información sobre la propia vida.

La percepción clásica del tiempo es que se trata de un contenedor limitado en el que intentamos meter tantas experiencias como nos sea posible. Si el contenedor no se reduce, tenemos todo el tiempo que necesitamos para realizarnos con serenidad. Así gastamos menos fuerza y energía en anhelar y en luchar. Si entendemos el tiempo de otra manera, podemos concebir el despliegue de nuestro potencial desde la calma y la serenidad. Krishnamurti enseñaba que: «Morid en la duración; morid en la concepción total del tiempo: en el pasado, en el presente y en el futuro. Este tiempo carece de toda realidad».

En nuestra experiencia profesional y personal experimentamos regularmente la distorsión del tiempo y del espacio. La información interior, llena de vivencia*, alimenta nuestros proyectos. No pretendemos obtener nada concreto; seguimos la corriente de la vida y las oportunidades aparecen para atender a lo que amamos y cultivamos interiormente con paciencia y bondad. Hay quienes lo consideran una suerte insolente; otros, una casualidad asombrosa. Todos podemos estar presentes en el aquí y el ahora, y acceder a todo lo que necesitamos, para emanciparnos de las percepciones y de las representaciones limitadas.

Mi ser pleno ya existe. Solo tengo que hacerlo existir.

El miedo es amo del tiempo. El uno no puede ser sin el otro. Si aprendemos a no temer al miedo, nos liberamos de las restricciones temporales y espaciales. Cada etapa de la vida, tanto si es feliz como si no, nos ofrece una oportunidad para regenerarnos, observar el mundo desde una postura distinta y encarnarnos con más alegría y presencia consciente.

¡Vivir es jugar!

Donald W. Winnicott, el célebre pediatra y psicoanalista inglés, reveló que: «Toda la existencia experiencial de la persona se construye sobre la base del juego».[6] Por lo tanto, vivir es jugar. El niño se construye jugando. El adulto olvida que jugar le permite ser creativo y expresar las características de su Yo auténtico. La vida es un juego muy serio que hay que emprender sin tomarse demasiado en serio a uno mismo.

El juego es una representación. Una puesta en escena y en movimiento para aprender y crear desde la diversión. Los impulsos vitales y creativos conforman la trama del juego al que llamamos «vida». Vivir es jugar y manifestar los impulsos subyacentes que germinan en el corazón del Yo.*

Erich Fromm constató: «La vida es una dinámica interna propia, que tiende a crecer, a expresarse y a vivirse». Esta dinámica nos alienta a vivir una vida plena e intensa. La vida, como el juego, tiene sus normas, que marcan el camino hacia la felicidad. Debemos respetar tres reglas de oro:

1. Dar prioridad al crecimiento personal a través de la exploración del mundo interior (cuyo núcleo es el niño interior) y de la búsqueda de la experiencia del Yo (compasión, serenidad y atemporalidad).
2. Consagrarse a actividades que estimulen las cualidades y las competencias personales y que ofrezcan la oportunidad de consagrarse a algo más grande que uno mismo.

3. Desarrollar relaciones sociales y un vínculo con el mundo embargado de respeto, responsabilidad y apertura.

Las personas que siguen estas normas tienen la sensación de vivir una existencia preciosa y feliz, incluso cuando pasan por experiencias difíciles. Conocen instantes de gracia y de éxtasis.[7] Interpretan su partitura y orquestan su vida buscando lo mejor para sí mismos y para el resto de los seres vivos.

El miedo es hijo de la vida. Si juega con él, sabrá más sobre sí mismo, sobre su poder, sobre su ser espiritual y sobre la vida misma.

1. Frase de Rimpoché Chogyal namkhai Norbu, extraída del libro *Les Trésors vivants du bouddhisme*, Oikumene Traditions S. C., 2003 (p. 49).
2. *Ainsi parlait Ramana Maharshi, op. cit*.
3. Schwartz, Richard C., *Système familial intérieur, op. cit*. (p. 49).
4. Extraído de la película estadounidense *Antwone Fisher*, dirigida por Denzel Washington en 2002.
5. Guillemant, Philippe, *La Route du Temps – Théorie de la double causalité*, Temps Présent, 2010.
6. Winnicott, D. W., *Jeu et Réalité*, Gallimard, 1975 (p. 126).
7. El psicólogo estadounidense Mihály Csíkszentmihályi desarrolló durante la década de 1960 el concepto de «flujo», un estado de éxtasis en el que la persona se trasciende a sí misma, inmersa en una actividad que moviliza plenamente sus competencias. Está implicada, concentrada, absorta y más allá del tiempo. Sabe lo que quiere conseguir y, a cambio, recibe inmediatamente la información que necesita para conseguirlo. Véase *Vivre – La psychologie du bonheur*, Robert Laffont, 2004.

Epílogo

«El Yo acaba por poner las armas a los pies del Sí mismo, no porque carezca de los medios para hacer valer su voluntad, muy al contrario, sino porque reconoce que en el servicio al Sí mismo está la fuente de la felicidad».

Carl Gustav Jung

Basta de tener miedo.
Mi miedo ya no es ese campo de batalla,
ese cerrojo antiguo ni esos síntomas caóticos.
Es el aprendizaje de los reencuentros, un camino,
el camino hacia mis recursos de mañana.

Basta de tener miedo.
Mi miedo ya no es ese campo de batalla,
ese compañero de la imaginación desbocada.
Es el aliado de mi audacia, un defensor,
un defensor de las suaves curas de mis tristes entrañas.

Basta de tener miedo.
Mi miedo ya no es ese campo de batalla,
ese miedo objeto de tantas ilusiones.
Es la alianza con el niño, un ascenso,
un ascenso de todas las posibilidades sin monotonía.

Basta de tener miedo.
Mi miedo ya no es ese campo de batalla,
ese miedo maestro de mi tiempo y de mi vida.
Es la huida que yo mismo forjo, si
si supero los límites que me asaltan.

Basta de tener miedo.
Vivo sin engaños.
Vivo.
Río.

LÉXICO de los conceptos clave

Estados del yo o subpersonalidades: individualidades interiores que poseen autonomía y voluntad propias. Suelen verse aplastadas bajo el peso de cargas antiguas (emociones, sentimientos, roles, creencias y conductas rígidas).

Falso yo: identidad ficticia y la parte menos auténtica de la personalidad, que el niño adaptado domina en secreto.

Futurización: trance hipnótico en el que se proyecta el pasado sobre el futuro y se imagina lo peor o lo mejor, irrealista e idealizado.

Impulso vital y creativo: energía vital fundamental en la dimensión fisiológica y psicológica de cada uno. Todas las manifestaciones vitales y creativas traducen la vivencia.

Miedo subyacente: miedo que limita la vitalidad y la libertad de la persona y cuyas raíces no están claras.

Niño adaptado: máscara que oculta al niño interior. Concentra todas sus estrategias de supervivencia y de adaptación, que aplica desde la primera infancia.

Niño interior: simboliza las necesidades fundamentales y los poderes creativos del ser humano. Representa al Yo verdadero y auténtico en su expresión natural (niño creativo) o bloqueada (niño herido).

Regresión: trance hipnótico en el que volvemos a comportarnos como un niño ante otra persona o en una situación concreta.

Reparentalización: aprender a convertirse en el propio padre o madre y a cuidar de su niño interior. El buen padre en usted es amante, bondadoso, protector y estructurante.

Trance hipnótico: situación en la que el adulto queda hipnotizado por su pasado y pierde sutilmente la conciencia de la realidad. Entonces, revive situaciones disfuncionales de su infancia. No está presente en el aquí y el ahora.

Vivencia: dinamización del potencial de vida. Se cultiva en la conciencia, la sensación y la alegría de vivir que circula en nuestro interior.

Yo (o piloto interior): simultáneamente, la totalidad psíquica (consciente e inconsciente) y el corazón espiritual de cada uno, el centro más allá de cualquier expectativa exterior.

ÍNDICE de los miedos

Bibliografía

André, Christophe, *Psychologie de la peur*, Odile Jacob, 2004.

Ballet de Coquereaumont Marie-France et Emmanuel, *S'ouvrir à son cœur d'enfant*, Seuil, 2005.

Ballet de Coquereaumont Marie-France et Emmanuel, *Réveillez vos ressources intérieures*, Albin Michel, 2009.

Bradshaw, John, *S'affranchir de la honte*, Les Éditions de l'Homme, 2004.

Bradshaw, John, *Retrouver l'enfant en soi*, Les Éditions de l'Homme, 2004.

Bradshaw John, *Découvrir ses vraies valeurs*, Les Éditions de l'Homme, 2009.

Campbell, Joseph, *Puissance du mythe*, Oxus, 2009.

Campbell, Joseph, *Le Héros aux mille et un visages*, Oxus, 2010.

Capacchione, Lucia, *Faites vivre votre enfant intérieur – Jeu, dialogue et art-thérapie*, Le Souffle d'or, 1994.

Cervantes Miguel de, *El ingenioso hidalgo Don Quijote de la Mancha*, Diane de Selliers Éditeur, 2012.

Cyrulnik, Boris, Bustany Pierre, Oughourlian Jean-Michel, André Christophe, Janssen Thierry, *Votre cerveau n'a pas fini de vous étonner*, Albin Michel, 2012.

Damasio, Antonio, *L'autre moi-même*, Odile Jacob, 2010.

Firman John, Russel Ann, *Opening to the Inner Child – Recovering Authentic Personality*, Monographs from The Synthesis Center of Palo Alto, www.synthesiscenter.org

Forward, Susan, *Parents toxiques – Comment échapper à leur emprise*, Poche Marabout Psy, 2000.

Garber Robyn Spizman Stephen et Marianne, *Les peurs de votre enfant – Comment l'aider à les vaincre*, Odile Jacob, 1997.

Giacobbe, Giulio Cesare, *A la recherche des câlins perdus*, Le Livre de Poche, Albin Michel, 2005.

Hendricks, Gay, *Le Grand Bond - Surmontez vos peurs cachées et apportez une nouvelle dimension à votre vie*, ADA Éditions, 2010.

Jeanclaude, Christian, *Les ombres de l'angoisse - La peur d'être vivant*, Collection Oxalis, De Boeck, 2004.

Jung, Carl G., *Le Livre rouge - Liber novus*, L'Iconoclaste/La Compagnie du livre rouge, 2011.

Jung, Carl G.; Kerényi, Charles, *Introduction à l'essence de la mythologie*, Éditions Payot et Rivages, 2001.

Krenger, Guy, *Le Mythe de l'unité*, E.M.E. & InterCommunications, 2011.

Krishnamurti, Jiddu, *L'Éveil de l'intelligence*, Stock, 2011.

Krishnamurti Jiddu, *Se libérer du connu*, Stock, 2012.

Le Bébé et ses Peurs, Collectif, Erès, 2000.

Le livre des symboles - Réflexions sur les images archétypales, The Archive for Research in Archetypal Symbolism, Taschen, 2011.

Maharshi, Ramana, *L'Enseignement de Ramana Maharshi*, Albin Michel, 2005.

Maharshi, Ramana, *Ainsi parlait Ramana Maharshi*, InnerQuest, 2006.

Maslow, Abraham, *Devenir le meilleur de soi-même*, Eyrolles, 2008.

Mello, Anthony (de), *Appel à l'amour*, Albin Michel, 2005.

Mello, Anthony (de), *Quand la conscience s'éveille*, Albin Michel, 2012.

Miller, Alice, *C'est pour ton bien*, Aubier, 1984.

Miller, Alice, *Notre corps ne ment jamais*, Flammarion, 2005.

Miller, Alice, *Ta vie sauvée enfin*, Flammarion, 2008.

Monbourquette, Jean, *Apprivoiser son ombre - Le côté mal aimé de soi*, Bayard, 200.1

Nicon, Luc, *TIPI Technique d'identification des peurs inconscientes - Phobies, dépression, inhibition, irritabilité, angoisses*, Émotion forte, 2007.

Ridnik, Evelyne y su equipo terapéutico, *Parlons psy*, Éditions L'Archipel, 2007.

Rosenberg, Marshall B., *Les mots sont des fenêtres (ou bien ce sont des murs)*, La Découverte, 2005.

Rosenberg, Marshall B., *Spiritualité pratique*, Jouvence, 2007.

Salomé, Jacques, *Le Courage d'être soi*, Les Éditions du Relié, 1999.

Salomé, Jacques, *Je viens de toutes mes enfances*, Albin Michel, 2009.

Salomé, Jacques, *La Ferveur de vivre*, Albin Michel, 2012.

Schwartz, Richard C., *Système familial intérieur : blessures et guérison*, Elsevier Masson, 2009.

Spund, Marc, *Vaincre les peurs et les phobies*, L'Archipel, 2005.

Ware, Bronnie, *Les Cinq Regrets des personnes en fin de vie*, Guy Trédaniel Éditeur, 2013.

Wickes, Frances G., *Le Monde intérieur de l'enfance*, Éditions du Dauphin, 1993.

Winnicott, Donald Woods, *Jeu et Réalité*, Gallimard, Folio Essais, 1973.

Wolinsky, Stephen, *Ni ange, ni démon – Le double visage de l'enfant intérieur*, Le Jour Éditeur, 1995.

Yalom, Irvin, *Et Nietzsche a pleuré*, Le Livre de Poche, 2010.

Para contactar con el autor

Si desea ponerse en contacto con el autor o hacer algún comentario o sugerencia sobre el libro de Oliver Clarc, puede hacerlo a través de su dirección de correo electrónico:

methodecoeurdenfant@free.fr

Puede también consultar su página web:

www.coeurdenfant.fr

OTROS TÍTULOS
de la misma colección